AF463342

EXPOSITION UNIVERSELLE DE 1867
A PARIS

RAPPORTS DU JURY INTERNATIONAL
PUBLIÉS SOUS LA DIRECTION
DE M. MICHEL CHEVALIER

OUVRAGES DIVERS
DE MAROQUINERIE, DE TABLETTERIE
ET DE VANNERIE

PAR

M. LOUIS AUCOC

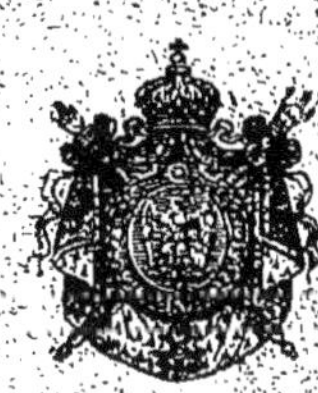

PARIS
IMPRIMERIE ET LIBRAIRIE ADMINISTRATIVES DE PAUL DUPONT
45, RUE DE GRENELLE-SAINT-HONORÉ, 45

1867

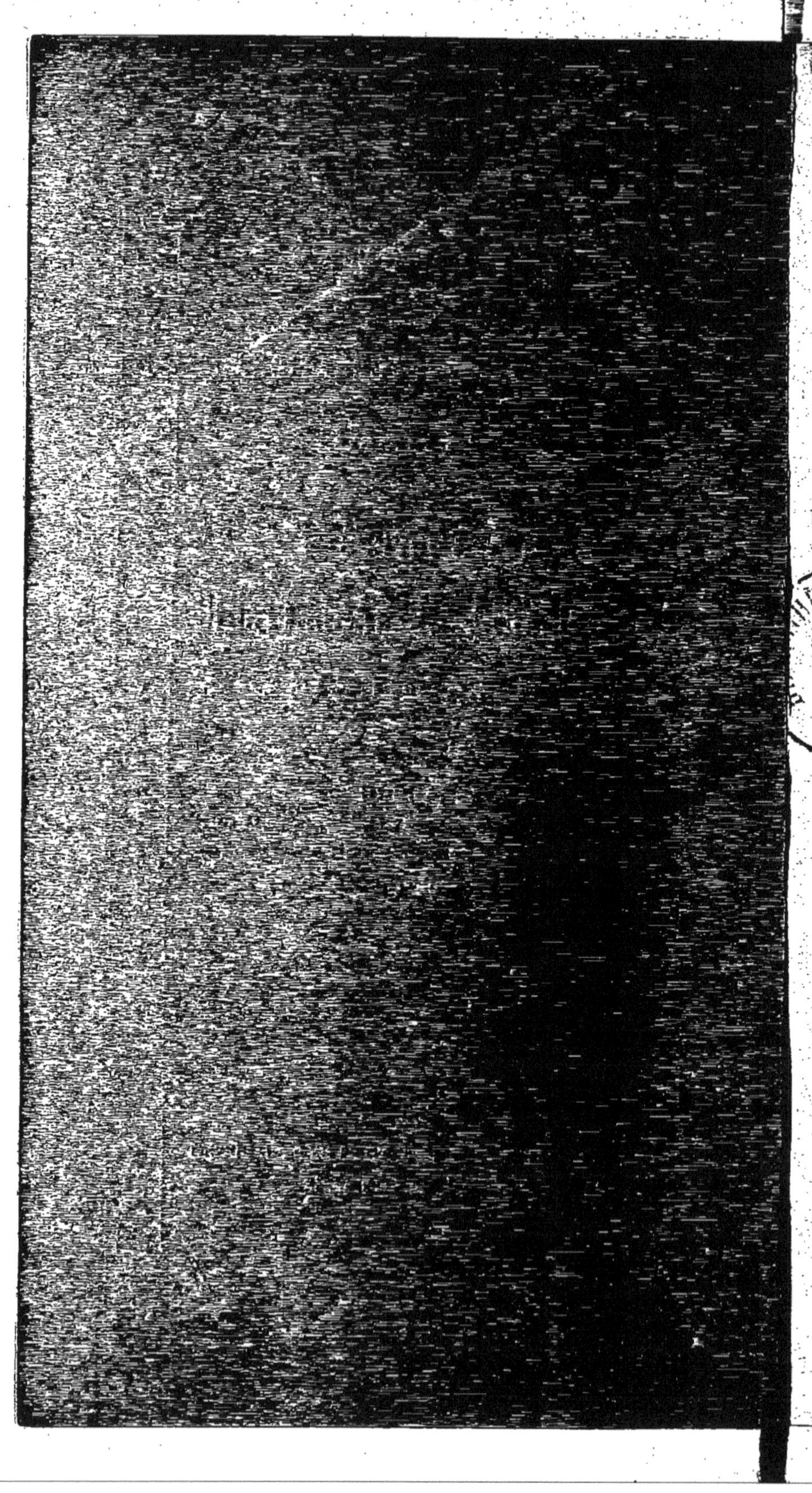

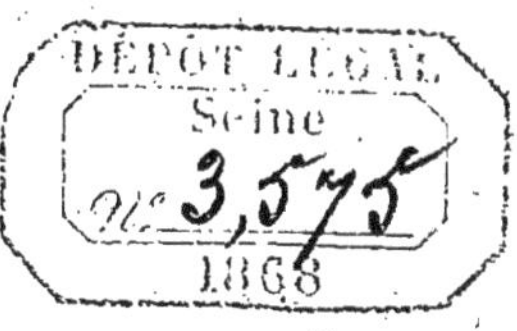

EXPOSITION UNIVERSELLE DE 1867
A PARIS

RAPPORTS DU JURY INTERNATIONAL

PUBLIÉS SOUS LA DIRECTION

DE M. MICHEL CHEVALIER

OBJETS DIVERS DE MAROQUINERIE, DE TABLETTERIE ET DE VANNERIE

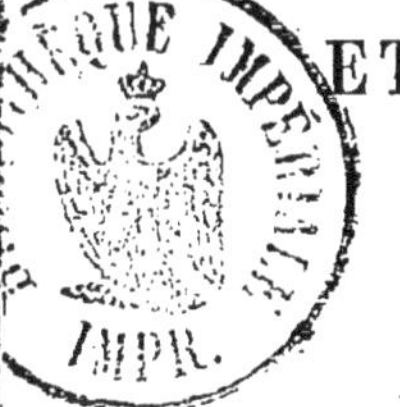

PAR

M. LOUIS AUCOC

PARIS
IMPRIMERIE ET LIBRAIRIE ADMINISTRATIVES DE PAUL DUPONT
45, RUE DE GRENELLE-SAINT-HONORÉ, 45

1867

OBJETS DIVERS

DE MAROQUINERIE, DE TABLETTERIE

ET DE VANNERIE

La classe 26 comprend une grande variété d'industries, et le Jury, pour faciliter ses travaux, l'a subdivisée en sept grandes catégories, non compris la reliure, qui dépendait de la classe 7.

1° Ebénisterie, petits meubles de fantaisie marquetés et sculptés, bureaux, tables, jardinières, caves à liqueurs, boîtes à gants, objets de Spa, bois durci, laques, coffrets, émaux, cristaux et faïences montés en bois ou en bronze doré.

2° Maroquinerie, nécessaires de toilette, sacs, trousses, albums, buvards, portefeuilles, porte-monnaie, porte-cigares.

3° Tabletterie, bijouterie, coffrets, carnets, livres de messe, albums, porte-monnaie, bonbonnières en ivoire ou en écaille garnis en or ou en argent, ivoire sculpté, guilloché et tourné.

4° Peignes en écaille, ivoire, buffle et caoutchouc.

5° Brosserie en ivoire, os, buffle, bois.

6° Pipes, porte-cigares, tabatières.

7° Vannerie et sparterie fine, tôles vernies.

Un millier d'exposants ont envoyé à l'Exposition universelle de 1867 des produits de ces diverses fabrications.

Si l'on veut classer les divers États qui ont pris part au con-

1*cc*

cours international dans l'ordre que leur assigne l'importance de leur fabrication, la France occupe le premier rang, puis viennent l'Angleterre, l'Autriche et les États du centre de l'Allemagne.

La Turquie se fait remarquer par son grand nombre d'exposants, mais la production n'est pas en rapport avec la quantité de ces expositions, et ne semble pas dirigée de façon à solliciter la consommation étrangère. Ce sont généralement des articles spéciaux d'un goût primitif et d'une fabrication élémentaire.

La plupart des industries que nous venons d'énumérer représentent l'article de Paris. Ce sont en grande partie des objets de fantaisie qui suivent les caprices de la mode ; l'ouvrier parisien a le monopole de ces transformations continuelles.

On estimait pour la France, en 1847, la production des diverses professions comprises dans la classe 26, à 30 millions de francs ; en 1862, elle s'élevait à 94 millions, et aujourd'hui nous atteignons probablement le chiffre de 150 millions.

Les détails statistiques que nous donnerons à l'occasion de chacune des branches d'industrie qui seront passées en revue permettront d'apprécier l'importance de la fabrication et la différence du prix de la main-d'œuvre dans les divers pays qui ont concouru à l'Exposition.

Nous saisissons cette occasion de remercier M. le docteur Stölzel, notre collègue du Jury international, et M. le docteur Alfred Jurnitschek, rapporteur autrichien, des précieuses communications qu'ils nous ont faites sur l'état de l'industrie de leur pays.

CHAPITRE I.

ÉBÉNISTERIE, PETITS MEUBLES DE FANTAISIE MARQUETÉS ET SCULPTÉS, BUREAUX, TABLES, JARDINIÈRES, CAVES A LIQUEURS, BOÎTES A GANTS, OBJETS DE SPA, BOIS DURCI, LAQUES, COFFRETS, ÉMAUX, CRISTAUX ET FAÏENCES MONTÉS EN BOIS ET EN BRONZE DORÉ.

La petite ébénisterie et les nécessaires sont confondus dans la statistique de l'industrie parisienne de 1860 ; c'est au chapitre II que nous donnons les chiffres relatifs à l'ensemble de cette industrie.

Le petit bronze est aussi englobé dans la grande industrie dont il fait partie, et il nous est impossible d'en déterminer l'importance.

M. Tahan est un des représentants les plus connus de la petite ébénisterie. Il a exposé un charmant meuble à cigares en noyer sculpté ; une mosaïque de bois du plus fin travail, représentant un paysage, forme le panneau de la porte principale. De petites boîtes décorées de plaques en émail et d'autres couvertes de mosaïques de bois, du meilleur goût, ont attiré l'attention du Jury, qui a décerné à M. Tahan l'une des premières récompenses.

MM. Duvinage et Harinkouck, ancienne maison Giroux, ont exposé, entre autres objets de fantaisie, deux petits meubles en glaces gravées avec montures de bambou en bronze doré, dont l'effet chatoyant est très-agréable.

Des progrès considérables ont été faits dans la fabrication de MM. Gerson et Weber. Une grande variété de modèles dans les boîtes à cigares, à ouvrages et à liqueurs, des profils bien étudiés, prouvent une fois de plus qu'en France la fabrication des objets de luxe et de fantaisie se dirige vers l'art, aussitôt que les ressources des fabricants leur permettent d'obtenir le concours des artistes qui les entourent. MM. Gerson et Weber, dont l'établissement ne remonte pas au delà de 1856, sont arrivés à dépasser, dix ans après, le chiffre de 500,000 francs d'affaires. Ils occupent de 60 à 80 ouvriers, dont le salaire, réglé à l'heure, varie de 50 centimes à 2 francs 50 centimes, avec une moyenne de 80 centimes. Leurs produits s'exportent dans tous les États de l'Amérique, en Angleterre et en Russie. Les ateliers, dont l'outillage est mû par la vapeur, sont parfaitement installés. Ils attribuent la prospérité de leur maison au système qu'ils ont adopté, en intéressant dans leurs affaires leurs commis, chefs d'atelier et contre-maîtres.

Nous citerons encore M. Diehl, dont l'exposition paraît avoir eu pour but de prouver qu'il se jouait des difficultés. A l'intérieur, à l'extérieur et jusqu'au-dessous de ses boîtes, il y a des moulures extrêmement compliquées, dont les onglets sont très-bien exécutés. Au point de vue du bon goût, on a pensé qu'il y avait exagération dans cette recherche, et, tout en tenant compte à M. Diehl des efforts considérables qu'il a faits, on ne l'a pas placé tout à fait au premier rang. Dans les petits comme dans les grands meubles, la diversité des plans est nécessaire ; mais une composition simple et que l'œil comprend sans peine charme bien plus que la réunion des différents ordres d'architecture groupés sur la façade d'une boîte de 40 centimètres carrés.

Du reste, cet excellent fabricant produit des pièces courantes à des prix très-modérés.

M. Germain a exposé des meubles en laque, incrustée de nacre, dont l'exécution ne laisse rien à désirer, et des boîtes imitant avec une rare perfection les laques de Chine.

Les objets émaillés, présentés par M. Gossart, sont remarquables par leurs dimensions et leurs formes variées. La modicité des prix permet d'espérer que cette ancienne industrie trouvera un grand succès dans la nouvelle voie où elle est entrée. Les émaux sont obtenus sur cuivre et préparés de telle sorte qu'ils s'écaillent difficilement à la monture. Les chances de perte se trouvant presque annulées; il est possible d'arriver à établir des bonbonnières depuis 5 francs. Des vases à fleurs, des lampes et une pendule du prix de 200 à 800 francs, prouvent que l'on peut exécuter de grandes pièces d'un placement facile.

M. Chatelain expose une quantité de petits objets en bronze doré atteignant les dernières limites du bon marché.

Par un procédé dont il a le monopole, M. Chatenond fixe sur la pierre de lave un émail qui permet d'obtenir à peu de frais des panneaux de grandes dimensions.

Des modifications notables et heureuses se sont produites dans la construction des caves à liqueurs. C'est à MM. Kaffel frères que l'on doit cette innovation. M. Diehl, il y a quelques années, avait fait, dans le même genre, une tentative dont le succès s'est trouvé arrêté par l'élévation du prix d'établissement. En effet, ses premières caves à glaces avec cadres en ébénisterie demandaient un soin dans la monture, qui rendait excessif le prix de la main-d'œuvre. MM. Kaffel frères ont repris l'idée des caves-glaces, mais avec cadres en bronze doré. Ils ont varié les panneaux et les ont faits, tantôt en onyx, tantôt en faïence. Celles en glaces ou en onyx, avec cadres unis, sont du meilleur goût, et le prix de 140 francs ne s'éloigne pas sensiblement de celui des mêmes objets en ébénisterie soignée.

Nous avons réservé pour la fin de ce chapitre l'examen des objets en bois durci de M. Latry. Nous ne croyons pas devoir revenir sur la composition de la matière employée, le rapport fait en 1862 par M. Barral (Classe 6, Section XII) en donnant déjà une description étendue.

M. Latry n'a pas hésité à faire les sacrifices nécessaires pour avoir de bons modèles. Il a exposé une foule de pièces dont le travail représente dix fois plus que leur valeur. Ce fabricant ayant été adjoint aux travaux du Jury s'est trouvé, par ce fait, hors concours, et privé de la récompense qu'on lui aurait certainement accordée si l'on n'avait réclamé sa coopération.

CHAPITRE II.

MAROQUINERIE, NÉCESSAIRES DE TOILETTE, SACS, TROUSSES, ALBUMS, BUVARDS, PORTEFEUILLES, PORTE-MONNAIE, PORTE-CIGARES, GAINERIE.

Voici les renseignements que donne la statistique de l'industrie de Paris sur les fabricants de nécessaires, et ces chiffres comprennent, ainsi que nous l'avons expliqué au chapitre I, la petite ébénisterie.

§ 1. — Nécessaires.

En 1849, il existait à Paris 158 fabricants de nécessaires. En 1860, on en a trouvé :

Fabricants de nécessaires....................	186
Garnisseurs..................................	23
Total.......	209 fabricants.

Il a été recensé en plus 40 façonniers.

Avec 930 ouvriers, les 209 industriels ont fait, en 1860, un chiffre total de 5,086,250 francs d'affaires.

Avec 18 ouvriers, les 40 façonniers ont fait 131,310 francs d'affaires.

Les 930 ouvriers, employés par les fabricants, se répartissaient de la sorte :

Hommes..................................	837
Femmes..................................	12
Enfants au-dessous de 16 ans..............	81
Total.....	930 ouvriers.

La moitié des ouvriers travaillent à la journée, l'autre moitié à la pièce. Ils gagnent de 3 à 8 francs par jour, et la moyenne est de 5 francs pour 10 heures de travail. Les ouvrières sont payées de 2 à 4 francs par jour.

Sur ces cinq millions de marchandises, trois restent en France, et les deux autres s'exportent en Amérique, en Angleterre, en Allemagne, en Russie, en Italie, en Espagne, etc.

§ 2. — Portefeuilles, maroquinerie.

En 1849, il existait à Paris 113 fabricants de portefeuilles et d'articles de maroquinerie; en 1860, on en a trouvé :

Employant plus de 10 ouvriers.............	24
Employant de 2 à 10 ouvriers..............	117
Travaillant seuls..........................	50
Total......	191 fabricants.

Il a été recensé en plus 140 façonniers.

Avec 1,160 ouvriers, les 191 fabricants ont fait un chiffre de 7,104,200 francs d'affaires.

Les 148 façonniers ont fait 236,092 francs d'affaires avec 26 ouvriers.

Ouvriers.

On a recensé dans les ateliers :

Hommes..................................	688
Femmes..................................	354
Enfants au-dessous de 16 ans..............	121
Total.......	1,163 ouvriers.

Les hommes qui travaillent à la journée sont aussi nombreux que ceux qui sont payés à la pièce. Chez les femmes, ce dernier mode de rétribution est adopté dans une plus forte proportion.

5,158,700 francs de marchandises sont restés en France ; 2 millions de francs ont été exportés en Amérique, en Angleterre, en Espagne, en Russie, en Italie et en Belgique.

§ 4. — Gainerie.

En 1847, il existait à Paris 130 gaîniers; en 1860, on en a trouvé :

Employant plus de 10 ouvriers............	8
Employant de 2 à 10 ouvriers............	68
Employant 1 ouvrier ou travaillant seuls....	64
Total.......	140 fabricants.

Il a été recensé en plus 68 façonniers.

Avec 710 ouvriers, 140 industriels ont fait un chiffre de 2,810,700 francs d'affaires. Les 68 façonniers ont fait 216,029 francs d'affaires avec 55 ouvriers.

On a recensé dans les ateliers :

Hommes..................................	444
Femmes..................................	62
Apprentis âgés de moins de 16 ans......	204
Total.......	710 ouvriers

Les hommes gagnent de 3 à 8 francs par jour, la moyenne est de 5 francs; les femmes de 1 fr. 50 à 4 francs, et la moyenne est de 2 francs. Un seul gaînier emploie une machine de 4 chevaux. Sur les 2,810,700 francs, 2,372,200 étaient consommés à l'intérieur et 438,500 francs étaient exportés. La modicité de ce dernier chiffre s'explique par ce fait, que la gaînerie est livrée aux orfèvres et bijoutiers de Paris, qui exportent leurs marchandises dans des boîtes et des écrins, sans qu'il soit possible de constater à la sortie la valeur de ces enveloppes.

La maroquinerie française a soutenu, cette fois encore, sa vieille réputation. Mais en voyant les progrès de l'industrie viennoise, nos fabricants devront redoubler d'ardeur pour ne pas se laisser dépasser. Le haut prix de la main-d'œuvre augmente les prix d'établissement de nos articles, et ouvre à la concurrence étrangère un vaste champ à exploiter; aussi voyons-nous déjà, dans une grande partie de nos maisons de détail, de la maroquinerie et de la petite ébénisterie de Vienne, et même une des grandes fabriques de ce pays vient d'ouvrir, sur notre boulevard le plus fréquenté, une succursale pour l'écoulement direct de ses produits.

Notre expérience donne aux articles français un cachet de confortable et d'utilité pratique, qui manque à cette marchandise étrangère. Les vrais amateurs ne se laissent pas abuser par ces couleurs voyantes qui séduisent le regard; ils veulent surtout que l'objet qu'ils achètent s'applique parfaitement à l'usage auquel il est destiné. Mais si nos rivaux arrivent à acquérir cette qualité, nous nous trouverons vis-à-vis d'une industrie établie sur les plus larges bases. Nous aurons l'occasion d'y revenir lorsque nous parlerons de l'exposition autrichienne.

D'autre part, nos ouvriers trouvent de grands avantages pécuniaires à faire à la pièce les articles pour l'exportation; mais les bons y perdent la main, et les médiocres, pouvant se procurer dans ce genre de travail un salaire élevé, n'ont pas d'intérêt à se perfectionner. Dans les grands ateliers, la nécessité de fabriquer à bon marché amène une subdivision dans le travail qui facilite la grande production, en donnant une habileté relative aux ouvriers qui adoptent une spécialité; seulement, l'intelligence du travailleur cesse de se développer, quand elle ne s'exerce plus que sur un des détails de sa profession.

Quels sont les moyens à employer pour éviter les dangers qui menacent cette branche de notre industrie?

Il faut que nos fabricants résistent à la tentation, vers laquelle on est toujours entraîné, d'imiter la marchandise qui paraît obtenir la faveur du public. Ce n'est pas en copiant les produits étrangers qu'on détournera la foule, c'est en faisant mieux. Les idées une fois dirigées dans cette voie, nos fabricants et nos ouvriers ont assez de ressources en eux-mêmes pour se maintenir au premier rang. Les chefs de nos grands ateliers doivent exiger que leurs apprentis s'exercent à toutes les différentes parties de leur état, sous peine de voir s'abaisser le niveau de leur intelligence ; c'est le seul moyen de développer l'initiative personnelle qui distingue nos travailleurs, et donne à leurs produits ce cachet d'originalité qu'on ne trouve nulle part.

La garniture intérieure des nécessaires ou des boîtes à bijoux est encore dans l'enfance à l'étranger, et la France est supérieure, dans ce genre, même aux Anglais. L'industrie parisienne se soumet à toutes les exigences, et il suffit qu'une liste d'objets soit donnée par un acheteur pour qu'un nécessaire ou un sac soit confectionné, tout exprès et en quelques semaines, avec les pièces demandées. Il est à remarquer que l'augmentation du prix des objets fabriqués dans cette condition exceptionnelle est insignifiante.

La maison Midocq et Gaillard est à la tête de la fabrication des trousses, des sacs et des boîtes en maroquin. Le travail de la peau, tant à l'extérieur qu'à l'intérieur des trousses et des boîtes, est exécuté avec une rare perfection. La place est bien ménagée, et les prix modérés de ces ouvrages permettent au commerce de détail de les écouler rapidement. Les sacs possèdent les mêmes qualités, et cette maison qui, depuis 1855, a dû modifier sa fabrication, possède aujourd'hui un noyau d'ouvriers selliers qui produisent des pièces solides et bien faites à des prix avantageux.

La gaînerie pour argenterie, porcelaines, cristaux, bijouterie, se personnifie dans la maison de MM. Gellée frères, qui ont donné une extension extraordinaire à leur production. Leur atelier de la rue Barbette renferme un outillage complet parfaitement approprié, qui est mis en mouvement par une machine à vapeur de la force de 4 chevaux. 60 à 80 personnes y sont constamment occupées, tant à la gaînerie qu'à l'ébénisterie et même à la serrurerie. MM. Gellée frères ont pris la suite des affaires de M. Lagrous, en 1832, pour leur maison du Marais; mais la fondation de celle du quai de l'Horloge remonte à 1814. La moyenne de la journée de leurs ouvriers est de 60 centimes l'heure, et à la fin de l'année les gratifications varient de 200 à 400 francs. Ainsi que l'indiquait déjà M. Rondot en 1862, cette gaînerie a le mérite de suivre exactement la forme des pièces, sans cependant qu'il soit nécessaire de les emporter à l'atelier. Des mesures exactes, prises sur place, suffisent pour que l'exécution soit parfaite.

Nous avons regretté que les principales maisons de gaînerie spéciale pour bijoux se soient abstenues d'exposer. Plusieurs d'entre elles excellent dans leur profession, et on ne peut expliquer leur abstention que par le peu d'intérêt qu'elles ont à se faire connaître du public.

M. Sormani a succombé au moment où il préparait son exposition; mais sa veuve et son fils ont continué son œuvre, et leur exposition présente des progrès remarquables. La sobriété des ornements sur les pièces et sur les coffres, la gravure et le guilloché faits avec plus de soin, donnent à leurs produits un cachet de distinction qui sera approuvé par les consommateurs. Le Jury a remarqué aussi une cave à liqueurs, dont les incrustations et les profils sont du meilleur goût.

M. Marx, l'inventeur de l'album de photographies, est toujours resté à la tête de cette fabrication. La netteté de la dorure, la rondeur et la solidité du dos, font reconnaître, au premier coup d'œil, le cachet particulier de la bonne reliure. Les imitations françaises et étrangères ne se sont jamais élevées à ce degré de perfection.

La vogue qui avait alimenté dans les premiers moments l'écoulement de cet article, est un peu tombée, et, une grande partie du public étant pourvue, la production est arrivée à dépasser la consommation. Cependant l'album photographique donne encore à la fabrication un élan considérable qui n'est pas près de s'arrêter.

MM. Triefus et Ettlinger ont exposé des pièces intéressantes au double point de vue de la maroquinerie et de la tabletterie. Nous parlerons plus loin des ouvrages de tabletterie. Disons ici que nous avons remarqué un coffre pour mariages en maroquin Lavallière, doublé de velours bleu clair, renfermant un livre de messe, un carnet, un porte-monnaie et un éventail en ivoire, dont la confection est irréprochable. Le Jury a félicité MM. Triefus et Ettlinger du bon goût et du soin qui ont présidé à la fabrication des objets qui lui ont été soumis.

La vitrine de MM. Keller et Cie renferme des sacs en cuir de Russie, garnis de pièces de toilette en argent. Les fermoirs fonctionnent bien, les rivures sont proprement faites, et les moraillons sont suffisamment écartés pour que la serrure maintienne le cadre et l'empêche de se fausser lorsque le sac est plein.

M. Keller a fait faire à la serrurerie de son industrie des progrès considérables, et lorsque l'on rapproche un sac fait il y a dix ans de ceux d'une confection récente, on s'étonne que l'on ait pu autrefois se contenter de moyens de fermeture aussi primitifs. Nous devons féliciter ce fabricant d'avoir abandonné le système des ferrures couvertes de gravures du plus mauvais goût, et de les avoir remplacées par des pièces unies et dorées mat. Ces ferrures, bien proportionnées et solides, sont beaucoup plus légères que celles des sacs anglais, et rendent les nôtres beaucoup plus portatifs.

Ici, comme à la fin du chapitre I, nous devons rappeler que le chef d'une de nos fabriques les plus importantes de la maroquinerie, M. Schloss, ayant été adjoint aux travaux du Jury, a été mis hors concours. Le Jury, qui avait examiné ses sacs, ses porte-monnaie, son bureau, et jusqu'à une montre recouverte en cuir de Russie, a reconnu que M. Schloss a toujours conservé la supériorité qui lui a valu, en 1855, la plus haute récompense accordée à l'industrie.

CHAPITRE III.

TABLETTERIE, BIJOUTERIE, COFFRETS, CARNETS, PORTE-MONNAIE, BONBONNIÈRES ÉCAILLE ET IVOIRE, IVOIRE SCULPTÉ, GUILLOCHÉ ET TOURNÉ.

§ 1. — Matières premières.

L'importance de la tabletterie en France peut être appréciée par le chiffre des matières premières qui sont importées. L'exportation à l'état brut n'existe qu'exceptionnellement et dans des proportions insignifiantes.

Voici le chiffre des entrées depuis 1862 :

	1862	1863	1864	1865
Écaille	29,100^k	35,000^k	31,971^k	34.491^k
Nacre	1,400,000	1,178,000	1,131,520	887,406
Ivoire	128,500	199,000	173,000	157,366
Cornes	2,615,000	3,335,400	2,711,700	2,666.021
Os et sabots de bétail	6,956,211	11,799,698	3,905,469	9,774,659

La valeur de ces importations représente pour la dernière année 1865 :

Écaille	34,494^k	à 35^f	00		1,207,185^f
Nacre	883,441	à 1	20	1,000,128^f 00	1,023,918
—	3,965	à 6	00	23,760 00	
Ivoire	157,366	à 18	00		2,832,588
Cornes	2,662,021	à 0	85		2,262,717
Os et sabots de bétail	9,774,659	à 0	18		1,759,438
				Total	9,085,846^f

A ce chiffre il faut ajouter au moins 1 million pour la production nationale des cornes et des sabots de bétail.

La corne de buffle se tire de Calcutta, de Siam, de Singapour et de la côte de Coromandel. La plus belle corne blanche vient d'Irlande. Mais cette matière est absorbée par la consommation locale, et il est rare qu'on en trouve pour la fabrication étrangère. Celle qui est employée en France est importée de Rio et de Buenos-Ayres.

Les colonies anglaises, hollandaises, espagnoles et françaises, et principalement Singapour, l'île de Célèbes, ancien royaume de Macassar et Manille, nous fournissent l'écaille.

Les marchés de ces matières premières sont à Londres, à Amsterdam et à Rotterdam, où une cargaison entière trouve toujours des acquéreurs.

Les droits d'entrée sur l'écaille, la nacre et l'ivoire sont insignifiants comparés à la valeur de ces matières; mais sur la corne ils représentent de 2 à 4 pour 100. Ces droits élèvent le prix de revient sur les objets fabriqués et nuisent à notre exportation.

Extrait de la statistique de l'industrie parisienne.

En 1860 on a trouvé :

182 tablettiers proprement dits.
32 fabricants d'articles pour fumeurs.
26 tourneurs en ivoire.
31 sculpteurs en ivoire.

Total : 271 fabricants.

Il a été recensé en plus 132 façonniers.

§ 2. — Importance des affaires.

Avec 1,236 ouvriers, les 271 industriels ont fait un chiffre de 11,085,137 francs d'affaires,

Savoir :

Les tablettiers : 7,020,400 francs, avec 780 ouvriers.

Les fabricants d'articles pour fumeurs : 2,656,412 francs avec 286 ouvriers (1).

Les tourneurs en ivoire et en os : 869,500 francs, avec 85 ouvriers.

(1) D'après la division adoptée pour notre travail, ces chiffres auraient pu figurer au chapitre VI.

Les sculpteurs sur ivoire : 530,825 francs avec 85 ouvriers.

Les 132 façonniers ont fait 319,345 francs d'affaires avec 49 ouvriers.

9 millions sont restés en France ; 2 millions ont été exportés dans les divers États suivants : Amérique, Angleterre, Espagne, Russie, Italie, Allemagne, Belgique.

Ouvriers

On a trouvé dans les ateliers :

Hommes	994
Femmes	69
Enfants au-dessous de 16 ans	173
Total	1,236 ouvriers.

Sur 994 hommes, 399 travaillaient à la journée, et 595 à la pièce. Leur salaire variait de 5 à 7 francs par journée qui, à cette époque, était de douze heures ; aujourd'hui le prix de la journée est resté le même, mais la journée de travail a été réduite à dix heures. 40 femmes étaient payées à la journée, et 29 à la pièce. Leur salaire variait de 2 francs à 3 francs 50 centimes.

3 machines à vapeur, représentant la force de 18 chevaux, sont employées pour la fabrication de la tabletterie.

Nous avons examiné la tabletterie française, on pourrait presque dire parisienne, car, à notre grand regret, nous avons vu la ville de Dieppe, qui avait paru organiser une exposition collective, se retirer au dernier moment. Cette défection pouvait faire craindre que cette branche de notre industrie ne fût pas suffisamment représentée. Les nombreuses demandes adressées à la Commission impériale sont venues combler le vide qui s'était produit, et le Comité d'admission n'a eu que l'embarras du choix des remplaçants. Nous croyons savoir que l'industrie dieppoise n'est pas complétement étrangère aux objets qui ont été soumis à l'appréciation du Jury.

La sculpture sur ivoire est poussée en France jusqu'aux dernières limites de la perfection, et quelques-unes des pièces

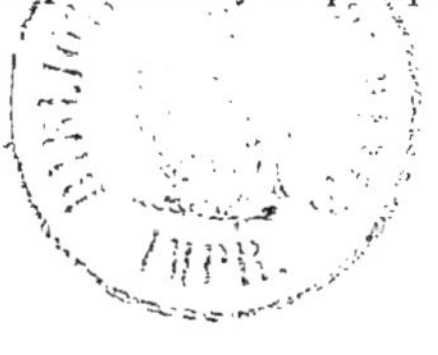

exposées sont de véritables objets d'art. Nous n'avons pas de rivaux dans le monde pour la tabletterie. Cette industrie est à peine représentée dans les expositions étrangères, et les quelques objets isolés qu'on y rencontre sont en dehors des conditions ordinaires du commerce.

La pièce la plus importante de la tabletterie française appartient à M. Alessandri. Ce fabricant a exposé un grand meuble étagère rond, dans le style de la renaissance, avec moulures et panneaux en ivoire sculpté dont l'exécution mérite les plus grands éloges. Le dessin de ce meuble est d'une bonne architecture et les détails sont étudiés avec soin. La sculpture des bas-reliefs est remarquable, et nous espérons qu'un riche amateur les appréciera comme le Jury, qui n'a pas hésité à donner à M. Alessandri la plus haute récompense dont il pouvait disposer. Dans sa petite vitrine du salon de la classe 26, ce fabricant a exposé ses plaques en ivoire, découpées circulairement et en spirale. Ce mode de découpage fait ressembler la dent à un rouleau de papier de tenture qu'il faut dérouler avec soin et en mouillant l'ivoire; puis on le fixe sur une plaque de bois bien plate. On obtient ainsi des surfaces beaucoup plus grandes que le diamètre de la dent.

M. Alessandri est le premier acquéreur d'un nouveau système pour blanchir l'ivoire. Mme Vve Grandon, dont le mari est l'inventeur de ce procédé qui donne à l'ivoire jauni une blancheur inaltérable, l'a vendu à M. Alessandri pour son exploitation personnelle. Mme Vve Grandon s'est réservé le droit de céder ce moyen à d'autres fabricants qui en feraient la demande. Le Jury, prenant en considération la notoriété industrielle de son mari, a distingué Mme Vve Grandon comme un coopérateur de la classe 26.

Nous avons examiné avec le plus vif intérêt les produits de M. Moreau. Cet industriel est un de ceux qui ont fait le plus d'efforts pour régénérer la sculpture sur ivoire. Sa persévérance et l'éducation artistique qu'il a donnée à son fils, qui dirige son atelier, ont puissamment contribué aux progrès qui ont été signalés à chaque Exposition.

M. Correaux, son élève, suit également ses traces et obtient d'excellents résultats. Les statuettes qui sont dans les vitrines de ces deux exposants sont de véritables chefs-d'œuvre.

La tabletterie écaille et ivoire en albums, porte-cartes, porte-monnaie, porte-cigares, couvertures de livres, etc., est exécutée avec une rare perfection par M. Pingot. Les charnières placées au milieu du dos des reliures sont une application heureuse d'un système qui supprime une double coupe sur les côtés, tout en conservant une ouverture facile à l'album ou au livre. Dans l'intérieur des porte-cartes, le Jury a remarqué des ressorts aussi doux que solides retenant par la pression les cartes que l'on y place, quel que soit leur nombre. De cette manière, on supprime les garnitures en soierie qui se défraîchissent et enlèvent à l'écaille sa transparence. Un flacon à sel, en cristal, entièrement recouvert d'ivoire, avec des appliques émaillées dissimulant les joints, nous a paru d'une exécution irréprochable.

M. Poisson est un des doyens de la tabletterie d'ivoire. Récompensé à toutes les expositions précédentes, il s'est distingué à cette dernière par des objets d'un goût parfait et d'un excellent usage. Ici, point de pièces surchargées de sculptures, et, pour citer un exemple, son coupe-papier de la forme d'un poignard romain avec ses lignes sévères, mais commode à la main, a été très-apprécié par le Jury. Un christ magnifique est là pour témoigner que, lorsqu'il veut faire de la sculpture, il en peut exécuter d'excellente.

MM. Triefus et Ettlinger, que nous avons précédemment cités dans la maroquinerie, ont aussi exposé des albums, des livres de messe couverts d'écaille ou d'ivoire, qui méritent les mêmes éloges que leurs ouvrages en peau. De plus, le prix de ces pièces est très-modéré.

Notre attention a été particulièrement frappée par la vitrine de M. Cleray. Cet industriel a incrusté des plaques d'écaille d'une dimension inusitée, 45 centimètres de long sur 30 de large. Ces plaques forment la couverture d'une Bible, dont le prix ne permet guère d'en espérer la vente. Toute la bijouterie écaille, les carnets, couvertures de livres, albums, cadres, etc., sont couverts d'ornements découpés à l'emporte-pièce et incrustés dans l'écaille au moyen de presses hydrauliques. Par ce procédé, on obtient des effets charmants, et si la composition des ornements était plus étudiée, il n'y aurait que des éloges à adresser à M. Cleray. Nous espérons que, à l'avenir, il se préoccupera davantage de cette question, qu'il a paru regarder jusqu'ici comme très-secondaire.

Une des parties les plus intéressantes de la tabletterie, qui se fabrique spécialement à Paris, est le coffret à ouvrage incrusté de pièces en or ou en vermeil, telles que des ciseaux, étuis, poinçons, passe-lacets. Les pièces sont entaillées dans la partie inférieure de la boîte, jusqu'aux deux tiers de leur épaisseur, et dans la partie supérieure du troisième tiers, afin que, la boîte ouverte, on puisse saisir les pièces, et que, lorsqu'elle est fermée, ces divers objets ne puissent sortir de leur emplacement.

M. Beugnot excelle dans cette partie, et la charnière à ressort qu'il a établie pour faciliter l'ouverture des coffrets, en rend l'usage encore plus commode.

MM. Lefort et Chonquet, le premier pour ses coffrets avec pièces or et vermeil et ses incrustations d'argent sur ivoire, et le second pour ses boîtes ovales tournées et son cadre de glace sculpté, ont reçu les félicitations du Jury.

Une petite vitrine placée au fond de la salle a été aussi particulièrement remarquée. C'est celle de M. Lamarre, élève de M. Leferre, et qui a conservé les bonnes traditions. Il a présenté des porte-monnaie, des porte-cigares en ivoire et en écaille dont les charnières et les boutons sont parfaitement ajustés.

CHAPITRE IV.

PEIGNES EN ÉCAILLE, IVOIRE, BUFFLE, CAOUTCHOUC.

La fabrication ordinaire des peignes est répandue dans tous les pays, mais la France a conservé la supériorité pour les retapés en buffle et en écaille et pour les peignes fins en ivoire.

Ceux de parure ou à chignon demandent plus de goût, de dessin, et rentrent encore davantage dans notre genre d'industrie artistique. Ils sont soumis aux caprices de la mode, aussi changent-ils de forme toutes les fois que la coiffure varie.

Cette année, l'ornementation des peignes à chignon fait ressortir les qualités de l'écaille, sa transparence et son beau poli. Ce sont des enlacements unis, des tresses à jour, des boules de grosseur décroissante, et aussi des semis de petites étoiles d'or qui enrichissent les peignes sans les charger. Cette fabrication est très-importante à Paris et dans les départements de la Seine, de l'Eure, d'Eure-et-Loir, de l'Oise, de l'Ain et du Jura, où elle emploie de 5 à 6,000 ouvriers.

La valeur de ces produits peut être estimée pour la France de 10 à 15 millions de francs. Les deux tiers de ces marchandises sont destinés à l'exportation, et principalement pour les mers du Sud, l'Espagne, la Russie, l'Allemagne et la Belgique

En 1860, on a trouvé 135 fabricants.

Il a été recensé en plus 198 façonniers.

Avec 984 ouvriers, les fabricants de peignes ont fait un chiffre de 5,360,900 francs d'affaires. Les 198 façonniers ont fait en plus 349,970 francs d'affaires avec 82 ouvriers.

On a recensé dans les ateliers :

Hommes	747
Femmes	201
Enfants au-dessous de 16 ans	36
Total	984 ouvriers.

Un tiers des hommes travaillent à la journée, et les deux autres tiers à la pièce. La moyenne de leur salaire est de 5 fr. 50 c. par jour. La proportion des ouvrières travaillant à la journée est la même que chez les hommes ; leur salaire est de 2 francs à 2 fr. 50 c. par jour de dix heures de travail. En province, la journée des débiteurs, aplatisseurs, courbeurs et chignonneurs, est en moyenne de 4 francs, et celle des ouvrières polisseuses est de 2 francs.

3 machines de la force totale de 24 chevaux sont employées à la fabrication des peignes. Les produits des fabriques parisiennes, qui s'élèvent, nous l'avons dit, au chiffre de 5,360,900 francs, sont livrés au commerce français jusqu'à concurrence de 3,724,900 francs. Le surplus, montant à 1,136,000 francs, est exporté en Amérique, en Angleterre, en Russie, en Allemagne, en Espagne, en Italie, en Portugal, en Belgique, etc., etc.

L'exposition de la classe 26 ne renferme que les peignes d'une confection supérieure, les qualités inférieures ayant été renvoyées à la classe 91 où sont réunis les peignes de buis, de corne de bœuf et de caoutchouc.

Quelques échantillons mixtes attestent que, dans les qualités ordinaires, le fini de nos pièces justifie la petite différence de prix qui existe entre la valeur de nos peignes et celle des objets similaires fabriqués en Allemagne, en Angleterre et en Amérique.

Les modèles sont d'une variété extrême, et, pour en donner une idée, nous citerons le prix courant d'un fabricant, qui ne contient pas moins de 106 modèles divers.

Les peignes d'écaille faits à la main sont d'un usage bien supérieur à celui des peignes découpés à la mécanique. Les premiers sont, pendant le travail, chauffés à l'eau salée, qui entretient l'élasticité de la matière. Les dents ne sont pas ébranlées par la scie comme par le découpoir. Pendant cette opération du découpoir, l'écaille est chauffée à la chaleur sèche qui la rend cassante, et le burin qui détache une dent atteint toujours un peu celle qui suit. Il y a là un progrès à réaliser. Nos fabricants sont très-préoccupés de la concurrence que leur font les Allemands, qui emploient des ouvriers dont la journée de douze heures ne coûte que 1 fr. 25 au minimum et 3 francs au maximum. Il faut qu'ils appellent la mécanique à leur aide pour sortir de l'embarras dans lequel ils se trouvent depuis la réduction de la journée. Déjà, à la suite d'une augmentation de la main-d'œuvre, la monture des peignes à chignon, qui se faisait à Paris, est organisée en Prusse pour tous les articles exportés dans ce pays. Les fabricants prussiens sont encore obligés d'acheter ici les charnières et les vis, qu'ils ne trouvent pas bien faites chez eux ; mais ils réalisent une économie de 33 pour 100 sur la monture.

Depuis que la mécanique a poussé la fabrication du peigne fin jusqu'au dernier degré de perfection, les progrès ont été peu sensibles. L'abaissement du prix ne peut plus être obtenu que par l'amélioration des machines. Quoique cette industrie ne soit pas représentée dans les expositions étrangères, il n'en existe pas moins des fabriques très-considérables en Angleterre, en Allemagne et en Amérique.

Aussi nous devons demander avec insistance un abaissement du droit d'entrée sur les cornes, qui permette à nos fabricants de lutter dans de meilleures conditions avec nos rivaux.

MM. Fauvelle-Delabarre et fils représentent une importante fabrication de peignes à retaper en écaille, buffle et caoutchouc. M. Fauvelle-Delabarre père, notre collègue dans les Jurys d'admission de 1862 et de 1867, est mort pendant le cours de l'Exposition, et n'a pas pu jouir de la récompense que le Jury lui avait décernée.

M. Massue, dont l'outillage se perfectionne tous les jours, expose des peignes en ivoire dont la régularité est mathématique. Avec ses 6 machines, il peut en produire jusqu'à 150 douzaines par jour. Ses derniers outils pour rogner et faire les biseaux d'un seul coup, et celui pour cintrer les dents, datent de 1850. Cette fabrique si bien montée rend aussi de grands services à la tabletterie, et il est curieux de suivre les progrès et les économies de temps et de matière que cet industriel fait faire chaque jour à tous nos petits fabricants. C'est chez M. Massue que se débite l'ivoire pour presque toute la tabletterie parisienne. Le prix du débitage, en plaques de 81 millimètres de haut, est de 4 centimes, et de 2 centimes par 27 millimètres en plus au delà de cette dimension, et sur n'importe quelle largeur. Depuis que la vente des livres de messe, recouverts d'ivoire, a pris de l'extension, un tour avec fraise tubulaire a été monté. Cette fraise enlève, dans un morceau d'ivoire de l'épaisseur de son diamètre, des dos tout cintrés, les côtés amincis. On trouve une douzaine de ces dos pris l'un dans l'autre dans une partie où autrefois on en découpait cinq ou six au plus.

L'ivoire qui coûte, lorsqu'on achète une dent entière, de 20 à 24 francs le kilogramme, revient, dans les parties employées pour la fabrication des peignes, tous déchets déduits, de 50 à 55 francs.

Les déchets se divisent en sept parties :

1° La pointe, dont la grosse partie sert à faire les billes de billard, se vend de 22 à 23 francs le kilogramme ;

2° L'extrémité de la pointe s'emploie pour les pommes de canne, de parapluie et autres articles de tourneur ; son prix est de 5 à 6 francs le kilogramme ;

3° La partie creuse sert à faire les brosses à dents, les couteaux à papier, les châsses à rasoirs et les touches de piano ; elle se vend de 12 à 15 francs le kilogramme ;

4° Les déchets sortant du cœur de la défense s'utilisent pour tous les articles de petite tabletterie et pour la télégraphie électrique, qui recherche la propriété isolante de l'ivoire : cette partie est toujours retenue d'avance au prix de 3 à 12 francs le kilogramme, suivant la qualité de la dent;

5° Les écorces s'emploient pour les talons de queues de billard et valent de 1 à 2 francs le kilogramme;

6° Les petites rognures, sortant de la fabrication des peignes, qui se brûlent pour faire le noir d'ivoire et produisent de 15 à 20 centimes le kilogramme;

7° Enfin, la sciure sert à l'engrais des terres, et l'on en tire encore de 7 à 10 francs les 100 kilogrammes.

Si nous nous sommes autant étendus sur le débitage de l'ivoire, c'est que nous avons pensé qu'il n'y avait pas d'autre moyen d'expliquer comment, avec une matière qui, à l'état brut et prise en bloc, est d'un prix aussi élevé, nos fabricants de petite tabletterie, qui n'emploient que les déchets, arrivent à produire des objets ouvrés dont la valeur est inférieure à celle de cette même matière première.

L'opération du débitage paraît simple à l'aspect des machines qui font le travail; mais elle demande encore une grande habitude pour éviter, sans perte de matière, le croisement des veines qui formeraient des roses sur chaque plaque, si la coupe n'était pas tracée par une main expérimentée.

M. Margage a exposé des peignes à chignon en écaille blonde d'un excellent goût et d'un travail remarquable.

M. Fontaine, qui expose pour la première fois, a présenté un choix de modèles de peignes retapés buffle des plus variés et d'une bonne exécution.

CHAPITRE V.

BROSSERIE EN IVOIRE, OS, BUFFLE ET BOIS.

Dans aucune fabrication la supériorité de notre industrie n'est plus évidente, et elle a été déclarée incontestable par tous les membres du Jury.

L'élégance des formes, la bonne préparation des soies, la variété et le fini des pièces, tout fait ressortir l'excellente direction donnée depuis bien des années à cette fabrication.

L'Angleterre, seule, a exposé des articles en ivoire qui peuvent entrer en comparaison avec les nôtres pour la beauté des matières employées. Les soies sont préparées en France, et l'ivoire, dont la qualité est admirable, manque d'élégance dans la forme. Nos brosses, sculptées avec baguettes en relief sur les bords, sont d'une richesse pleine de bon goût. Dans les articles en bois, c'est vis-à-vis de l'Angleterre et de la Prusse que nous nous trouvons, et la lutte se termine encore à notre avantage. Sur l'Angleterre, nous l'emportons par la forme et le prix ; sur la Prusse, par une confection supérieure à prix égal. Dans la brosserie commune, nous nous maintenons au-dessus de la Bavière, même dans les plus bas prix, par une fabrication mieux finie.

L'outillage perfectionné de nos usines du département de l'Oise, qui occupent un nombre considérable d'ouvriers et des machines à vapeur représentant, pour une seule fabrique, une force de 60 chevaux, donnent à nos produits une netteté et une régularité auxquelles il est difficile d'atteindre.

On a recensé en 1860 :

Fabricants de brosserie fine	79
Fabricants de brosserie commune	127
Fabricants de pinceaux et brosses pour peintres	39
Fabricants de plumeaux	24
Apprêteurs d'éponges	14
Total	283 fabricants.

Il a été recensé en plus 152 façonniers.

Avec 1,737 ouvriers, les 283 industriels ont fait, en 1860, un chiffre de 11,712,510 francs d'affaires, savoir :

79 fabricants de brosserie fine, 3,494,850 francs, avec 736 ouvriers ;

127 fabricants de brosserie commune, 2,559,800 francs, avec 442 ouvriers;

39 fabricants de pinceaux et de brosses pour peintres, 852,410 francs, avec 167 ouvriers;

24 fabricants de plumeaux, 1,801,950 francs, avec 341 ouvriers;

14 apprêteurs d'éponges, 3,003,500 francs, avec 51 ouvriers;

Avec 39 ouvriers, les 152 façonniers ont fait 164,520 francs d'affaires.

Dans ce nombre, on a trouvé dans les ateliers :

Hommes....................................	1,083
Femmes....................................	566
Enfants au-dessous de 16 ans..............	88
Total.......	1,737 ouvriers.

Les hommes gagnent de 2 fr. 75 c. à 8 francs par jour; la moyenne est de 4 fr. 50 c. La plus grande partie des ouvriers travaillent aux pièces.

Les femmes sont également, pour les trois quarts, payées à la pièce. Leur salaire est de 1 fr. 25 c. à 4 francs.

Sur les 6,907,060 francs produits, la France consomme pour 5,407,060 francs, et on exporte en Amérique, en Angleterre, en Espagne, en Russie, en Italie, en Allemagne, en Suisse, etc., pour 1,500,000 francs.

M. Loonen (ancienne maison Laurençot) a exposé des types de la plus belle brosserie ivoire qu'il soit possible de fabriquer, et personne, pas plus en France qu'à l'étranger, ne peut lui disputer le premier rang qu'il occupe parmi les exposants de sa profession.

La maison Dupont et Deschamps est considérable sous le rapport de son chiffre d'affaires. Elle fabrique peu de brosserie fine en ivoire, mais elle produit une grande quantité de brosserie courante, de dominos, de boutons et de dés, et autres articles de petite tabletterie. C'est ce qui explique le chiffre de 1,373,848 francs, fourni par ces honorables industriels comme le produit de l'année 1866.

Leur fabrique de Beauvais est remarquable : 282 ouvriers, 3 machines à vapeur de 60 chevaux faisant manœuvrer 200 machines-outils, dans un atelier dont la superficie n'a pas moins de 2,500 mètres, ne confectionnent qu'une partie des articles qu'ils produisent. Les 200 machines qu'ils emploient pour façonner leurs pièces ont été construites dans leurs ateliers, et il a été fabriqué, en outre, chez eux, 150 autres machines qui ont été fournies à des fabricants français et étrangers. En dehors de la fabrique qu'ils dirigent personnellement, ces industriels ont organisé des ateliers dans lesquels ils occupent 262 ouvrières sous la direction de religieuses; enfin 158 personnes, travaillant en famille, viennent compléter le chiffre énorme de 702 travailleurs employés par cette maison.

MM. Pitet et Lidy fabriquent spécialement les pinceaux pour la peinture. Ils ont envoyé dans tous les pays de consommation un album colorié qui reproduit exactement leurs différents modèles. Rien n'est plus commode, pour l'acheteur éloigné, que de feuilleter cet album et d'envoyer ses ordres avec les numéros, qui ne permettent pas la moindre confusion. Les commissions sont exécutées avec une ponctualité qui entraîne des commandes toujours plus importantes, et leurs affaires ont pris une très-grande extension.

La maison Cheville-Loddé fait les trois genres de brosserie en bois : brosserie fine, grosse brosserie et brosses à peindre. La fabrication est soignée dans la brosserie fine et solide dans les objets d'usage. La préparation des soies est aussi une spécialité de cette maison, qui en exporte une grande quantité en Angleterre, en Amérique, en Italie et en Espagne.

M. Rennes a exposé une très-belle brosserie d'équipage. Sa vente au détail est très-importante, et le succès de ses articles est justifié par la qualité de ses produits.

M. Paillette est le premier fabricant pour la brosserie chevillée en bois massif. Il est impossible de faire mieux. La monture, comme les soies, ne laisse rien à désirer.

Nous citerons encore M. Ricard (ancienne maison Romancey), dont les brosses à barbe en blaireau ont été fort appréciées par tous les connaisseurs.

CHAPITRE VI.

PIPES, PORTE-CIGARES, TABATIÈRES.

Le rapport de MM. S. Say et Renard, en 1855, classe 25, et celui de M. Barral, en 1862, classe 4 (section XI) sont très-complets sur l'historique de l'industrie des pipes. Ils comprennent une foule de produits qui, par la classification adoptée en 1867, sont divisés entre la classe 26 et la classe 91.

Nous ne trouvons, en effet, dans la première, que les pipes en écume de mer et les pièces d'ambre sculpté dont la fabrication a pris une extension considérable dans ces dernières années.

§ 1. — Pipes, porte-cigares.

Nous avons réservé au chapitre III les fabricants d'articles pour fumeurs, recensés dans la statistique de l'industrie parisienne en 1860.

A cette époque, 32 fabricants, avec 286 ouvriers, ont fait un chiffre de 2,656,412 francs d'affaires.

La journée de dix heures est payée actuellement, pour les sculpteurs, de 9 à 20 francs; pour les ouvriers coupeurs, tourneurs, etc., de 5 à 9 francs, et pour les femmes, de 2 à 5 francs.

Ce n'est guère que depuis 1850 que cette industrie a pris une certaine importance dans Paris. Elle y a été établie par des Viennois dont le talent s'est transformé par la fréquentation de nos artistes, et qui excellent aujourd'hui dans leur profession. D'un autre côté, le sculpteur le plus habile de Vienne est venu passer plusieurs années à Paris pour se perfectionner dans son art, et il est facile de reconnaître sa manière de faire, dans les vitrines des principaux fabricants de Vienne. C'est donc entre Vienne et Paris que se partage le marché de ces articles. Nous devons reconnaître que, pour les pièces courantes, cette industrie, nouvelle encore en France, soutient difficilement la lutte avec les puissantes fabriques de Vienne. Lorsque les pipes d'écume sont sculptées, nous reprenons l'avantage. Notre goût d'innovation et d'originalité artistique se révèle et nous élève au-dessus de nos rivaux; mais ce n'est pas sur ces pièces d'un prix élevé que roule la grande consommation, et les fabricants viennois conservent les grosses affaires pour l'exportation. Ce fait s'explique par la comparaison des journées des ouvriers à Vienne et à Paris. On remarque que pour les pipes riches, c'est-à-dire sculptées, le prix de la main-d'œuvre est à peu près le même dans les deux villes. Il nous reste l'avantage des ressources artistiques que renferme notre capitale, et notre travail est supérieur. Dans la fabrication des marchandises ordinaires, au contraire, nous sommes vis-à-vis d'une industrie considérable qui trouve des ouvriers à 15 francs et même à 10 francs la semaine, soit 1 fr. 65 c. par jour. On comprend la difficulté que rencontrent nos fabricants pour produire, avec leurs journées de 5 francs au minimum, des pipes dont le prix ne dépasse pas celui des produits rivaux. Elle n'est pourtant pas insurmontable, et, dans la classe 91, on trouve des qualités moyennes dans lesquelles, à prix égal, nous l'emportons par le fini.

Cinq fabricants forment une exposition des plus intéressantes par sa variété. On sent bien, dans chacun d'eux, une direction originale et intelligente secondée par des sculpteurs spéciaux et habiles dans ce genre de travail.

MM. Bondier, Donninger et Ulrich ont exposé, au milieu de pipes remarquables, une armoirie en ambre sculpté due au ciseau très-habile de M. Perron, qui est d'origine bavaroise.

Cette maison, qui est la plus importante de la fabrication parisienne dans ce genre, fait un chiffre de 500,000 francs d'affaires.

M. Six est un des premiers Viennois qui, en 1852, a importé en France son industrie. Sa vitrine renferme des pièces qui ont un cachet tout à fait en dehors des objets que l'on rencontre partout.

Les progrès qu'il a fait faire à son industrie sont de différents genres. Les relations qu'il a établies avec la Turquie, pour l'achat direct de la matière première, la classification des pipes unies par numéros d'après le système allemand, et le perfectionnement du passage à la cire, sont des titres qui lui ont valu l'approbation des connaisseurs.

M. Sommer a exposé une collection de porte-cigares en ambre d'une grande délicatesse, avec sculptures de chiffres et d'armoiries.

L'ancienne maison Lenouvel, MM. Desbois et Weber, connus par leur grand magasin de la place de la Bourse, ont une exposition très-importante de sculpture. Leurs montures sont aussi des ouvrages de bijouterie très-remarquables et qui s'harmonisent parfaitement avec les beaux morceaux d'ambre qu'ils ont exposés.

L'inventeur de la pipe sanitaire, dont le perçage préserve le fumeur du danger d'aspirer la nicotine, M. L. Goetsch se fait remarquer par une collection de pipes formées des bustes de personnages illustres, assez réussis comme portraits : Louis XIV, Racine, etc.; mais on peut se demander s'il n'eût pas mieux valu choisir d'autres personnages. Une Léda en ambre sculpté est la pièce la plus importante de cette exposition.

Nous reconnaissons chez nos fabricants une grande supériorité sur leurs rivaux, et un progrès marqué sur les produits des Expositions précédentes. Ils ont atteint la dernière limite du savoir-faire. Un meilleur résultat ne peut être obtenu qu'en s'adressant à des artistes d'un ordre supérieur pour la composition des modèles. Les sculpteurs habiles de nos fabricants, inspirés par des sujets plus variés et aussi mieux appropriés à l'usage auquel ils sont destinés, produiront alors de véritables chefs-d'œuvre.

§ 2. — Tabatières.

Depuis que la mode a permis aux gens du monde l'usage du cigare, la tabatière de luxe est devenue d'un emploi plus rare, et cette industrie brille plutôt par la perfection du travail que par son importance. Une partie considérable des boîtes à tabac échappe à notre jugement : ce sont celles en or et en argent, qui se trouvent dans une autre classe ; mais il nous reste à apprécier les tabatières en écaille transparente et celles d'écaille dite demi-feuille. On obtient ces dernières en chauffant deux plaques d'écaille entre lesquelles on place une feuille de corne et qui se soudent par la chaleur et la pression. Le dessus et le dessous ainsi faits, le tour est en poudre d'écaille. Ces tabatières, quoique d'un prix très-inférieur, ont autant d'apparence que celles en écaille, mais elles sont d'un moins bon usage. On peut les incruster comme les plus belles tabatières, et elles ont complétement remplacé celles que l'on faisait autrefois entièrement en poudre d'écaille et qui n'avaient aucune transparence.

La tabatière de Paris se fabrique en racines et en bois de palmier, d'olivier, d'érable, de thuya, de chêne zéen, en ivoire, en écaille plaquée sur bois, en corne marbrée.

Il suffit d'examiner la vitrine de M. Mercier pour se rendre compte du soin, de l'habileté et du goût qui dirigent sa fabrication et lui ont fait une réputation universelle. Ce n'est pas seulement à l'extérieur qu'il faut regarder ; l'intérieur de ces boîtes et même les charnières sont doublés d'écaille, et les fermetures hermétiques sont très-douces.

En 1827, la journée des ouvriers, dans les 12 à 15 fabriques qui existaient à cette époque, était de 3 fr. 50 à 4 francs par jour : alors la belle tabatière de bois se vendait de 50 à 60 francs. Aujourd'hui, la journée des ouvriers est de 5 à 7 francs par jour, et des produits mieux faits que ceux précédemment cités se vendent de 20 à 30 francs.

Un grand nombre d'ouvriers de cette partie travaillent chez eux et gagnent de 8 à 9 francs, tandis qu'autrefois ils ne pouvaient guère gagner plus de 5 à 7 francs.

Les tabatières de Saint-Claude sont d'une production très-importante : 1,000 ou 1,200 ouvriers en fabriquent 125,000 douzaines par année. Les prix varient entre 1 fr. 25 c. la douzaine et 12, même 15 francs ; celles garnies d'écaille valent de 4 à 20 francs la douzaine.

La tabatière de corne, de 3 à 10 francs.

Là, comme à Paris, les meilleurs ouvriers travaillent en chambre, et vendent directement aux négociants de Paris, de Lyon et de Genève. Ils gagnent de 5 à 6 francs par jour.

On fabrique à Rennes la tabatière dite *de Bretagne,* en corne blanche ou grise ; son principal mérite est dans la solidité, car la forme laisse souvent à désirer.

Nous arrivons aux tabatières de carton, dont les principales fabriques sont à Sarreguemines et à Forbach. La légèreté et le bon marché leur assurent une grande consommation, mais les charnières et les fermetures sont loin de valoir celles des tabatières en corne.

CHAPITRE VII.

VANNERIE, SPARTERIE, TÔLES VERNIES.

---

§ 1. — Vannerie.

La vannerie fine de Paris jouissait au siècle dernier d un grande réputation ; ses paniers, cabas et corbeilles sont encore très-recherchés. La plupart de ces objets ne sont pas fabriqués dans la ville, où la main-d'œuvre est trop élevée, et les marchands les tirent de province.

L'osier est la seule matière employée, mais les formes sont étudiées avec soin et la manière de tresser les fibres employées dans ce travail est variée de la façon la plus intelligente.

En 1849, il existait à Paris, 141 vanniers ; en 1860, on en a compté :

Employant plus de 10 ouvriers............	1
Employant de 2 à 10 ouvriers..............	61
Employant 1 ouvrier ou travaillant seuls....	132
Total......	194 fabricants.

Avec 298 ouvriers, les 194 industriels ont fait un chiffre de 1,813,743 francs d'affaires.

Dans ce nombre, on a recensé dans les ateliers :

Hommes................................	245
Femmes................................	43
Enfants âgés de moins de 16 ans...........	10
Total.....	298 ouvriers.

Les hommes sont payés à raison de 3 à 7 francs par jour, avec une moyenne de 4 francs. Le quart seulement travaille à la journée et les autres à la pièce. Les femmes gagnent de 1 fr. 50 à 3 francs, avec une moyenne de 2 francs. La moitié travaille à la pièce et l'autre à la journée.

La production parisienne était à cette époque de 1,813,743 francs, dont 1,701,243 francs sont restés en France et 112,500 francs ont été exportés.

Celle de la vannerie française peut être estimée à 60 millions environ. Nous trouvons à l'exportation en 1865 le chiffre de 3,237,060 francs.

La vannerie artistique et de luxe est complétement parisienne. C'est surtout dans cette partie que la fécondité et une activité incessante de création sont indispensables. A peine un modèle a-t-il paru que des acheteurs à la piste de nouveautés trouvent le moyen de se le procurer, l'expédient en Suisse et en Allemagne, et, quelques semaines après, l'article est déprécié, parce que la place est inondée de contrefaçons mal réussies, mais d'un prix tellement inférieur que les pièces bien faites ne peuvent plus se vendre. Il n'y a aucun moyen de se préserver de ce plagiat continuel, il faut être constamment sur la brèche et marcher en avant, afin que les imitations arrivent trop tard, et lorsque le modèle copié est déjà remplacé par un autre.

Ce sont les confiseurs qui écoulent ces objets de fantaisie, qu'on offre rarement vides ; mais, pleins de bonbons, ils forment un charmant présent dont il reste toujours quelque chose.

Quatre ou cinq maisons dans Paris s'occupent de cette fabrication spéciale, et le nombre de leurs ouvriers, dont la plupart sont de véritables artistes pour le goût, ne s'élève pas à plus de 30 à 40. Leur salaire varie de 6 à 12 et même à 15 francs par jour. La vannerie fine, dont nous venons de parler, n'entre guère que pour un dixième dans les chiffres de production indiqués au commencement de ce chapitre.

M. Mutet, à qui nous devons une partie de ces renseignements, est à la tête de cette fabrication, et ses produits se font remarquer par une heureuse application de demi-boules de cristal dont il a orné ses boîtes, paniers et jardinières. La couleur du satin employé pour la doublure est encore relevée par l'éclat de ce cristal appliqué sur les bambous et les joncs formant la carcasse de ces différents objets.

§ 2. — Sparterie.

La sparterie a singulièrement perdu de son importance depuis que les progrès de l'industrie ont rendu l'habitation plus confortable. Les parquets, les tapis, les étoffes pour meubles ont remplacé avantageusement les nattes de paille et de jonc en usage dans les siècles qui ont précédé le nôtre.

D'après les chiffres de la statistique de l'*Industrie parisienne*,

On a recensé en 1860 :

Fabricants d'ouvrages en sparterie...........	28
Fabricants de paillassons......	28
Fendeurs et fileurs de rotin.....................	13
Total.......	69 fabricants.

Avec 261 ouvriers, les 69 industriels recensés ont fait un chiffre de 1,150,850 francs d'affaires. Les fabricants d'ouvrages en sparterie, 276,450 francs avec 72 ouvriers.

Les fabricants de paillassons, 211,900, avec 48 ouvriers.

Les fendeurs et fileurs de rotin, 662,500, avec 141 ouvriers.

Dans ce nombre, on a trouvé dans les ateliers :

Hommes....................................	116
Femmes....................................	138
Apprentis au-dessous de 16 ans..............	7
Total......	261 ouvriers.

Le salaire des hommes varie de 3 à 5 francs, avec une moyenne de 3 fr. 50 c. Les femmes gagnent de 1 à 3 francs par jour, et la moyenne est de 1 fr. 75 c. Le quart des ouvrières travaillent à la journée, les autres à la pièce. Chez les hommes, le nombre de 116 est divisé en un tiers pour les ouvriers travaillant à la journée, et les deux autres tiers occupés à la pièce.

Le produit de cette industrie était, en 1860, de 1,109,850 francs, dont 41,000 francs seulement ont été exportés.

En France, la classe 26 ne renfermait aucun exposant dans la sparterie.

Les fabricants de tôles vernies ont été placés dans une autre classe, et nous n'avons pas été appelé à les examiner.

Algérie.—L'Algérie compte, dans la classe 26, vingt-neuf

exposants, dont cinq fabricants parisiens, qui ont placé dans cette section des pièces confectionnées avec les bois de cette contrée. Parmi les essences qui sont le plus répandues dans l'industrie, le thuya occupe toujours la première place. Sa couleur agréable, ses dessins variés, la finesse de ses pores, qui acceptent si bien le vernis, lui ont acquis dès son apparition un succès qui se maintiendra encore longtemps.

MM. Maréchal et Dutboit ont exposé des caves à liqueurs et des boîtes en thuya qui ont été remarquées.

Dans la maroquinerie, Bou-l'Assel a envoyé des ceintures brodées (harem), des porte-monnaies (lesdad) et des porte-pistolets solidement établis et dont les broderies ne manquent pas de caractère.

La corporation des nègres de Biskra (Constantine) fabrique de la vannerie dont le principal mérite est dans la solidité.

M. Porcellaga expose des œufs d'autruche dont la sculpture primitive est assez originale.

La proximité de la métropole doit arrêter pendant longtemps encore l'industrie locale des pièces fabriquées de la classe 26, et elle n'a de chances de développement que dans les objets d'usage particulier aux indigènes.

Colonies françaises. — La Guadeloupe, la Réunion, l'Inde, la Cochinchine, la Martinique, la Guyane, la côte occidentale d'Afrique, Madagascar, la Nouvelle-Calédonie et Tahiti ont envoyé des produits qui se rattachent presque tous à la vannerie et à la sparterie.

Nous avons remarqué les corbeilles en latanier de M. Esparon et de Mlle Panon, de Saint-André de la Réunion, la vannerie de bambou de Marc Cyrus, de la Martinique, et les nattes de MM. Contest-Lacour, de l'Inde. Tous ces ouvrages sont finement et habilement tressés.

Les élèves de l'établissement de la Ressource, à la Réunion, ont envoyé un pupitre et une cassette en bois du pays, qui indiquent une certaine aptitude aux ouvrages d'ébénisterie.

Enfin, une des expositions les plus importantes de nos colonies a été exécutée par un ouvrier annamite nommé Caô-Van-Hien. Ses plateaux à bétel sculptés et incrustés d'ivoire et de nacre sont d'une bonne fabrication. Une certaine quantité d'autres pièces du même travail rappellent la perfection des ouvrages que nous avons admirés dans l'Inde anglaise.

CHAPITRE VIII.

PAYS ÉTRANGERS.

---

§ 1. — Pays-Bas et Belgique.

L'exposition des Pays-Bas renferme des brosses dont la fabrication est solide. Ces produits feraient un usage encore plus durable s'ils étaient plus soignés, et surtout si la préparation des soies était meilleure.

La partie la plus saillante de l'exposition belge dans la classe 26 est, comme pour les Pays-Bas, dans la brosserie.

M. Somzé-Mahy, le plus important de ses fabricants, a présenté des brosses destinées aux usages domestiques, montées avec des soies blanches et des bois sculptés. Il ne nous paraît pas probable qu'il trouve à écouler de pareils produits. Cet industriel rencontrera plus de chances de succès en s'appliquant à perfectionner la préparation de ses soies et même aussi le montage.

Plusieurs fabricants de Spa ont envoyé des buvards, des porte-montres et autres objets en bois verni, décorés de peintures. On reconnaît, à la manière de faire, un pays où les arts sont cultivés avec succès. Les peintures, exécutées avec une grande facilité, sont aussi d'un étonnant bon marché.

§ 2. — Prusse.

C'est aussi dans la brosserie que la Prusse est le mieux représentée parmi les industries de la classe 26. De nombreux fabricants ont exposé des brosses en buffle, bien faites, quoique le montage ne soit pas aussi soigné qu'à Paris. Des pinceaux en blaireau pour la dorure, bien fabriqués, des brosses à peindre, en bonne marchandise, et de la brosserie fine sur bois d'une exécution correcte : telles sont les qualités relevées par le Jury dans ces produits.

A ces excellentes qualités il ne manque que le dernier fini, qui peut s'acquérir avec la ferme volonté de mieux faire. Mais il faut remarquer que les prix sont aussi élevés que ceux de notre fabrication parisienne.

Dans la maroquinerie, nous n'avons trouvé que des pièces d'une exécution ordinaire et à des prix relativement supérieurs à ceux des expositions similaires.

Cependant des fabriques importantes de maroquin et de mouton sont établies à Francfort, à Mayence et à Kirn. Elles fournissent à tous les pays environnants, et même à Vienne, des peaux dans des conditions très-favorables. La fabrique de Mayence a le monopole du veau et du mouton, dont les couleurs de fantaisie claires ont été jusqu'ici inimitables. Ces peaux sont expédiées dans tous les grands centres de fabrication de la maroquinerie.

Avant 1858, les fabricants allemands faisaient venir directement, à grands frais, le cuir de Russie des lieux de provenance ou d'Angleterre. Depuis cette époque, on prépare la peau de veau dans les fabriques de Mayence, d'après le même système qu'en Russie. L'odeur est obtenue ainsi que la couleur, mais l'imitation n'atteint pas la solidité et la persistance de l'odeur du véritable cuir de Russie.

Nous extrayons d'un journal commercial du grand-duché de Hesse, publié en mai 1864, les renseignements suivants sur la situation de la maroquinerie en Prusse.

A Berlin et dans les environs, 58 fabriques occupent 600 ouvriers et ouvrières, qui produisent de 800,000 à 850,000 thalers (3 millions à 3,187,500 francs).

En dehors de Berlin, les principaux centres de fabrication sont Eilenburg, Halle, Striegau et Mühlheim.

Si nous ajoutons aux chiffres de la capitale, indiqués plus haut, la production des autres villes manufacturières, nous arrivons pour tout le royaume à la somme de 1 million ou 1,200,000 thalers (3,750,000 ou 4,500,000 francs) pour la maroquinerie seulement. L'exportation, qui s'était d'abord dirigée sur l'Amérique, s'étend aujourd'hui en Russie, en Suède, en Norwége et en Suisse.

§ 3. — Grand-Duché de Bade.

La maroquinerie d'Offenbach soutient sa réputation de bon marché et se maintient dans sa fabrication courante, sans paraître chercher à aller au delà.

La maison Ed. Posen et Cie, qui occupe 300 ouvriers, a exposé des porte-monnaies, des portefeuilles et des porte-cigares qui représentent certainement leur prix. Les commissions importantes qui entretiennent leurs grands ateliers font probablement hésiter ces fabricants à élever leur genre de productions à bon marché.

M. J.-F. Knipp est dans les mêmes conditions que la maison précédente ; sa fabrique, moins importante, n'occupe que 70 ouvriers.

Nous avons regretté l'absence de la maison Monch, dont le chef a été le fondateur de cette industrie à Offenbach.

La maroquinerie occupe dans cette ville et dans les environs de 5 à 6,000 ouvriers et ouvrières. Cinq grandes manufactures emploient 300 ouvriers et au delà, et produisent dans leurs ateliers tous les détails de la fabrication.

Giessen renferme aussi quelques maisons importantes dans cette branche d'industrie.

Le produit total de la maroquinerie dans le grand-duché de Hesse s'élève de 5 millions à 5,500,000 thalers (18,750,000 à 20,625,000 francs). L'exportation absorbe environ 70 pour 100 de cette production, dont la plus grande partie est expédiée en Angleterre et en Amérique.

§ 4. — Royaume de Wurtemberg.

Cette exposition est la seule, des pays étrangers, qui présente un assortiment aussi important de tabletterie en ivoire sculpté et tourné.

Dans un ensemble d'objet courants et d'un prix relativement peu élevé, nous avons remarqué une grande habileté de main et une étude approfondie de la sculpture.

Nous citerons, parmi les tourneurs de Geislingen qui ont fait une exposition collective, MM. Kauzmann frères, dont les produits sont vraiment remarquables.

M. Carl Deffner, à Esslingen, qui occupe de 5 à 600 ouvriers; M. Fried Vetter, à Ludwigsburg et MM. Rau et Cie, à Goeppingen, ont exposé des objets en tôle et en ferblanterie vernie, à des prix qui ne peuvent s'expliquer que par les salaires peu élevés de l'Allemagne.

L'industrie de la maroquinerie a aussi dans ce royaume une certaine importance. On compte à Stuttgart seulement 17 fabriques. Esslingen et Kirchheim renferment aussi quelques ateliers. Ces différentes villes occupent 240 ouvriers et 30 ouvrières, et produisent environ pour 200,000 thalers (750,000 francs) de marchandises.

La moitié de ces produits est exportée en Angleterre et en Amérique.

On estime à 300,000 thalers (1,125,000 francs) la somme totale de la fabrication de la petite ébenisterie et de la tabletterie dans le royaume, et les principaux siéges de ces industries sont : Stuttgart, Esslingen, Bietigheim, Freudenstadt et Gœppingen.

§ 5. — Bavière.

Les renseignements suivants, qui nous ont été donnés pour la

Bavière sur les droits d'entrée et sur les prix de la main-d'œuvre, s'appliquent à presque tous les pays qui font partie du Zollverein.

La petite ébénisterie n'est pas représentée dans l'exposition bavaroise et peut difficilement être séparée de l'ébénisterie pour meuble, et même de la menuiserie, avec lesquelles elle se trouve confondue dans les statistiques.

La maroquinerie occupe, en y comprenant les relieurs, 2,151 ouvriers. Onze fabriques de portefeuilles emploient 176 ouvriers, et c'est à Nuremberg et à Fürth qu'elles sont généralement établies. Le prix de la main-d'œuvre est de 10 à 50 francs par semaine, avec une moyenne de 12 à 18 francs pour six journées de douze heures de travail.

C'est dans ces conditions avantageuses que se présente la fabrique de M. J.-G. Kugler, qui a exposé des albums, des trousses, des portefeuilles garnis, d'un bon marché extrême. On y a remarqué des albums avec table et fermoir à ressort s'allongeant lorsque le volume est un peu plein. Il serait aisé de faire quelques critiques sur la netteté du travail; mais, lorsque la valeur des marchandises est annoncée, l'indulgence devient une nécessité. Cependant cette industrie doit se perfectionner encore, et, même aux dépens de ses prix, élever le niveau de sa fabrication.

Les ceinturiers (gurtlers) rendent de grands services à la maroquinerie depuis qu'on emploie tant de garnitures en métal. Ils occupent 854 ouvriers en Bavière.

La tabletterie emploie 3,669 ouvriers tourneurs (drechslers). Quatorze fabriques de boutons en bois, en corne et en nacre occupent 74 ouvriers. Vingt-huit fabriques, employant 248 ouvriers, travaillent l'os, l'ivoire, l'écaille et la nacre.

Les principales villes manufacturières sont Nuremberg qui, dans ce genre, produit par an pour 600,000 florins, soit 1,285,000 francs, puis Fürth et Augsbourg.

Oberammergan et Berchtesgaden sont les centres d'une grande production de bois sculptés.

L'ivoire et la nacre en morceaux et en plaques brutes ne payent pas de droits d'entrée dans le Zollverein. Polies ou façonnées, ces matières sont grevées d'un droit de 30 francs pour 100 kilogrammes. L'écaille brute entre en franchise lorsqu'elle est façonnée; l'entrée est taxée à 3 fr. 75 les 100 kilogrammes. La corne brute, comme les matières précédentes, est exemptée de tous droits; moulée et polie, elle paye, comme l'ivoire et la nacre, 30 francs les 100 kilogrammes à son entrée.

M. J.-G. Behl, de Nuremberg, a exposé des sculptures à un prix modéré. Elles indiquent une certaine habileté, mais le dessin et le modèle demanderaient un peu plus d'étude.

La fabrication des peignes occupe 1,116 ouvriers dont le salaire varie de 9 à 18 francs la semaine. Nuremberg et Fürth sont les principaux centres de cette fabrication.

Les matières employées sont la corne, les pieds de bétail, l'ivoire et le bois.

Le Zollverein renferme quelques manufactures très-importantes de peignes en caoutchouc, et notamment à Hannover, Harburg et Mannheim.

Les peignes fins sont fabriqués par des machines spéciales qui sont mues par la vapeur ou par des cours d'eau. Nous n'avons pas été à même d'apprécier cette fabrication, n'ayant pas trouvé de peignes dans l'exposition bavaroise.

La brosserie occupe 1,248 ouvriers gagnant de 9 à 18 francs par semaine. Les fabriques sont établies à Nuremberg, Fürth, Munich et Augsbourg.

C'est en bois seulement que les brosses à tête et à habits se fabriquent en Bavière et dans tout le reste de l'Allemagne. Il se fait fort peu de brosses chevillées, et la plus grande partie est plaquée.

Les brosses à dents et à ongles sont généralement montées en os et en buffle. Quant à la brosserie en ivoire, on la tire de France et d'Angleterre.

Quelques grands établissements emploient des machines à vapeur ou des moteurs hydrauliques.

M. Pruckner, de Munich, a exposé des échantillons de brosserie simple d'une assez bonne fabrication.

La vannerie occupe 3,388 ouvriers, dont le salaire varie de 10 à 30 francs dans les villes, et, dans la campagne, de 7 à 12 francs par semaine.

Le principal centre de cette fabrication est à Lichtenfels et dans les environs, d'où l'on expédie chaque année pour un million de florins (2,142,000 francs) de marchandises en Amérique, en Russie, etc.

Une partie des osiers qui servent à cette fabrication vient de France et est tirée d'Origny, département de l'Aisne, et de Condé-lez-Vouziers (Ardennes).

MM. Kraus frères, de Lichtenfels, ont exposé des meubles en vannerie à très bon-marché et très-bien faits, qui s'exportent en grande quantité en Amérique.

Nous croyons devoir rappeler que les renseignements qui précèdent nous ont été donnés par M. le docteur Stoelzel, notre collègue du Jury, dont le concours nous a été si utile pendant l'examen des produits de l'Allemagne.

§ 6. — Autriche.

L'aspect de l'exposition autrichienne nous a causé une surprise que nous ne chercherons pas à dissimuler. En effet, si on songe aux circonstances défavorables au milieu desquelles cette exposition a été organisée, il faut admettre que les industries qui ont une force de vitalité assez grande pour progresser dans de telles conditions, sont appelées à prendre un développement considérable lorsque la situation financière de l'Empire sera améliorée.

L'ébénisterie de fantaisie est organisée en petits ateliers qui ne renferment pas plus de 4 à 5 ouvriers et autant d'apprentis. Cette fabrication brille plutôt par le bon marché que par la forme et le goût des ornements, qui est très-contestable.

Les fabricants emploient les bois des forêts de Bohême, de

Hongrie et de Slavonie, qui produisent le chêne, le cerisier, le noyer, l'érable, le tilleul, le frêne, qu'on se procure à très-bas prix. Les bois étrangers, tels que l'acajou, le cèdre et le bois de rose, sont tirés de Hambourg.

Dans ces derniers temps, la fabrication s'est portée sur le bois de noisetier de Turquie dont elle fait une grande consommation. Ce qui manque à cette industrie, comme à toutes les autres de l'Empire, c'est la direction. L'ouvrier livré à lui-même n'a à sa disposition ni écoles de dessin, ni musées, ni bibliothèques, et son goût s'égare dans des excentricités que l'aspect des œuvres d'art ne vient pas corriger.

Les principaux siéges de la fabrication de la petite ébénisterie autrichienne sont à Vienne et à Karlsbad, en Bohême.

Nous avons parlé de la consommation considérable de bois de noisetier faite depuis quelque temps par l'industrie viennoise. C'est à M. Carl Stenzel qu'on doit l'invention de l'emploi de ce bois pour l'imitation des articles de cuir. Une grande variété de modèles affectant la forme de petites malles, de cartons à chapeau, etc., avec des points imitant à s'y méprendre la piqûre sur cuir, ont donné à sa fabrique une extension d'autant plus importante qu'il produit ces articles à un prix extrêmement bas.

C'est aussi de cette maison que sont sorties ces quantités d'éventails en bois qui ont eu une si grande vogue il y a deux ans, et dont le prix, à Vienne, ne s'élevait pas à plus de 2 florins 50 kreutzers la douzaine, soit 7 francs.

Gmunden et Ischl, dans la province de Salzkammergut, produisent une grande quantité de bois sculpté. Le voisinage de l'école de Berchtesgaden (Bavière) a déjà eu une influence très-marquée sur les progrès de cette industrie.

La laque avec incrustation de nacre est représentée par la maison Carl Kronig, qui fait à Vienne un commerce considérable de ces articles très-apparents et à des prix très-avantageux.

M. Franz Theyer allie le marbre et le bronze à la petite

ébénisterie et produit des objets dont le principal mérite réside dans les prix modérés auxquels ils peuvent se vendre.

On estime environ à 6,250,000 francs la production des divers articles de l'ébénisterie de fantaisie réunis sous la dénomination de Kunsttichlerei, et dont une partie très-importante est exportée.

Maroquinerie. — La maroquinerie autrichienne a pris depuis une quinzaine d'années une grande extension.

En 1865, dans la basse Autriche, seule partie de l'empire pour laquelle une statistique officielle puisse être consultée, 80 fabriques, occupant 1,153 ouvriers, ont produit pour 1,900,000 florins, soit, 4,750,000 francs.

M. le Dr Alfred Jurnitschek, rapporteur autrichien, à l'obligeance duquel nous devons la plupart des renseignements que nous publions sur cet empire, remarque qu'à Vienne la maroquinerie est issue de la reliure, et que, plus la première de ces industries marche en avant, plus la seconde paraît rétrograder. Cela tient à deux causes : la première que les bons ouvriers trouvent plus d'avantage dans le salaire du travail de la maroquinerie, et la seconde que les progrès de la librairie, en livrant maintenant des brochures cartonnées, dispensent les consommateurs de faire les frais de la reliure.

Cette industrie a été introduite à Vienne par M. Girardet, qui, en 1828, a établi dans cette ville le premier atelier de maroquinerie fine. Les élèves formés dans cette pépinière sont aujourd'hui à la tête de leur profession et sont devenus les émules de leur maître. Le gouvernement autrichien a constamment soutenu, par des commandes très-importantes, les fabricants dont les efforts facilitaient le développement de cette industrie ; aussi les bons ouvriers de Paris, tant pour le travail de la peau que pour la dorure à la main, ont été attirés à Vienne, où ils ont formé des élèves aptes à ces différents genres de travaux.

Le salaire des ouvriers est à un prix très-inférieur à celui que payent nos fabricants, car la moyenne du salaire de la semaine n'est que de 20 à 30 francs. La matière première est aussi meilleur marché qu'en France: sur les moutons, il y a une différence en moins de 25 pour 100 environ. Mais pour les garnitures de métal, qui sont le principal ornement de la maroquinerie viennoise, les prix ne peuvent plus se comparer. Les fermoirs, les coins et autres appliques sont établis par les petits fabricants dont nous avons parlé déjà dans notre appréciation de l'industrie bavaroise. Cette dénomination de *Gurtler* n'a pas d'équivalent en France, où cette industrie n'existe pas: la traduction littérale est ceinturier, c'est-à-dire fabricant de boucles pour ceintures. On ne peut guère les comparer qu'à nos bijoutiers en cuivre, et leurs articles très-apparents ne coûtent presque rien. Nous estimons que le prix des garnitures fabriquées à Vienne est inférieur de 75 pour 100 à celui des appliques fabriquées à Paris.

Parmi ces ornements nous citerons le bronze oxydé pour la fabrication duquel les gurtlers viennois ont une spécialité qui n'a pu être imitée jusqu'à ce jour. La nuance est d'une régularité parfaite.

Nous devons ajouter que si Vienne nous est supérieure pour le bon marché de quelques pièces, elle nous est très-inférieure sous le rapport du goût et de la solidité, car ces masses de cuivre tiennent à peine sur les boîtes et les albums sur lesquels elles ne sont généralement que collées. L'emploi des peaux de veau de Mayence, qui a la couleur et même l'odeur du cuir de Russie, mais dont la valeur est bien inférieure à celle des peaux qui leur servent de modèle, explique les différences de prix que le public peut remarquer entre les mêmes objets produits dans divers pays. Non-seulement l'acquisition de la matière première est moins coûteuse, mais encore ces veaux sont plus souples et se prêtent plus facilement aux différentes applications que nécessite la fabrication.

Malgré toutes les observations qui précèdent, nous félicitons les fabricants viennois de la position qu'ils ont conquise a l'Exposition de 1867, et dont le résultat a été de faire donner à trois de leurs principaux exposants la plus haute récompense accordée.

Chez M. Girardet, la maroquinerie disparaît sous la bijouterie, les émaux, la dorure, et ne devient plus que l'accessoire.

M. Klein (Auguste), dont la fabrique importante emploie 200 ouvriers, a exposé une grande quantité d'articles en peaux blanches d'une étonnante fraîcheur. Il nous semble déjà difficile de maintenir cette fraîcheur jusqu'au jour de la vente ; mais quel usage l'acheteur peut-il faire d'un objet aussi susceptible ? Nous n'avons pu comprendre que ce genre de peau ait été employé pour une écritoire.

C'est à la suppression de ces anomalies que la fabrique de Vienne doit s'appliquer, si elle veut faire un pas de plus en avant, et les progrès déjà accomplis répondent de l'avenir.

MM. Rodeck frères nous ont montré des porte-monnaie, des porte-cigares, des buvards avec mosaïques de peau dont nous avons admiré le fini ; un guéridon auquel nous pouvons adresser le même reproche qu'à l'écritoire de M. Klein, mais dont il faut reconnaître l'irréprochable exécution.

Il est utile de remarquer que ces objets très-bien exécutés ne reviennent pas à un chiffre inférieur à celui que demandent les fabricants de Paris. La différence de prix n'est réellement sensible que dans les articles courants.

MM. Schlender et Edlinger, et Jacques Loew, ont exposé des articles d'une fabrication courante très-remarquable.

Pipes. — Cette industrie joue un rôle considérable dans la production viennoise. Le bois de bouleau, le tilleul, la racine de bruyère, l'acajou et le bois de rose, l'os, la corne, l'ivoire, la nacre, la noix de coco sont employés pour la fabrication des pipes, des porte-cigares et des porte-cigarettes. Les matières préférées pour les pipes de luxe sont l'écume de mer et l'ambre, enfin l'imitation d'écume.

La fabrication des pipes, déjà ancienne à Vienne, a toujours été en progressant, et l'habileté des ouvriers a peu à peu amélioré les salaires. Les meilleures mains gagnent de 20 à 24 florins (50 à 60 francs) la semaine, et même jusqu'à 40 florins (100 francs). La moyenne est de 8 à 15 florins (20 à 37 fr. 50). Dans la fabrication courante, les ouvriers gagnent de 4 à 6 florins (10 à 15 francs) la semaine. La durée de la journée varie entre 10 et 12 heures de travail.

Les sculpteurs les plus habiles travaillent chez eux, et on reconnaît dans les vitrines des principaux exposants les mêmes sujets exécutés par les mêmes mains. Les fabricants ne se distinguent guère entre eux que par l'importance de leurs affaires.

L'écume de mer est tirée de Constantinople, et Vienne possède des dépôts considérables de cette matière.

Autrefois, les pipes d'écume avaient toutes des couvercles; aujourd'hui, on les a supprimés, suivant l'usage établi en France, en Amérique, en Angleterre et en Belgique. Les porte-cigares et cigarettes sont l'objet d'un grand commerce.

L'ambre, que l'on emploie pour faire les extrémités qui touchent aux lèvres, vient de la mer du Nord. Les gros bouts ronds des chibouques sont fabriqués en Turquie et expédiés à Vienne.

L'industrie très-importante des pipes se trouve confondue dans les statistiques autrichiennes avec celle des tourneurs dont le nombre s'élève à 5,587, et qui ont fait pour 4,700,000 florins (11,750,000 francs) d'affaires. S'il n'est pas possible de déterminer exactement la production des fabricants de pipes, on sait que leur nombre est de 428.

La maison L. Hartmann est une des plus importantes de Vienne. Établie en 1830, elle a toujours été à la tête de la fabrication des pipes en écume et des pièces en ambre.

MM. Beisiegel et Hess ont exposé des ouvrages en écume et en ambre d'une belle exécution. Ils occupent 200 ouvriers, et leur chiffre d'affaires s'élève à 300,000 florins (750,000 francs).

4cc

M. Franz Hiess occupe 100 ouvriers, M. Math. Fuchs, 150; telles sont les maisons les plus considérables dans la fabrication des pipes d'écume.

Dans l'imitation, nous trouvons M. Trebitsch, qui emploie 200 ouvriers; M. Golmann, qui en a 150, et beaucoup d'autres moins importants.

Si nous avons cité un aussi grand nombre de fabricants avec le chiffre de leurs ouvriers, c'est que nous tenions à faire remarquer le développement de cette industrie, qui est une des plus florissantes de l'empire.

Peignes. — Le prix élevé du change est toujours en Autriche un obstacle considérable à la consommation des matières qu'il faut tirer de l'étranger ; aussi la fabrication des peignes d'ivoire et d'écaille n'existe-t-elle pas dans l'empire, qui les tire des marchés français et anglais.

La fabrication courante des peignes se fait en corne, et la douzaine de 8 zoll de longueur (16 centimètres) coûte de 2 à 4 florins (5 à 9 francs). Les peignes de bois coûtent 1 florin et demi la douzaine (3 francs). Il n'y a pas de grandes fabriques dans cette industrie, et les salaires varient de 6 à 8 florins la semaine (15 à 20 francs). Les peignes en caoutchouc prennent une grande extension et font aux peignes de corne une concurrence redoutable.

Sur les 1,285 fabricants de peignes répandus dans tout l'empire, 422 ouvriers de la Basse-Autriche font à eux seuls pour 250,000 florins (625,000 francs) d'affaires.

Brosserie. — La brosserie est très-peu florissante en Autriche. La France et l'Angleterre envoient dans ce pays, la première les brosses à dents, et la seconde les brosses à tête et à habits.

L'Autriche exporte la marchandise brute, les soies de porc, et importe les produits manufacturés. On trouve cependant dans tout l'empire 814 brossiers, dont 263 dans la Basse-Autriche.

Le chiffre d'affaires de ces derniers est de 150,000 florins (375,000 francs).

Vannerie, sparterie. — La production autrichienne en vannerie et en sparterie est entièrement absorbée par la consommation locale, et ne donne lieu à aucune exportation.

Cette industrie est concentrée dans les villes de Vienne, Prague, Leitmeritz (Bohême), Hradisch (Moravie), et dans les campagnes qui les entourent. Le salaire est très-réduit : pour les hommes, la semaine est de 3 à 8 florins (7 fr. 50 à 20 fr.), et pour les femmes, elle est de 2 florins et demi (6 fr. 25).

On a recensé dans l'empire 922 vanniers. Dans la Basse-Autriche, 570 ouvriers ont produit, en 1865, 400,000 florins (1 million de francs) de marchandises.

§ 7. — Autres pays.

Suisse. — Nous avons trouvé dans l'exposition suisse de notre classe des étuis pour montres d'une exécution très-remarquable. M. Borzinsky, à Genève, a monté un atelier dans lequel se font non-seulement l'ébénisterie et la gaînerie, mais encore la serrurerie qu'il emploie. On reconnaît de suite, à l'aspect des ferrures de ces petites boîtes, qu'elles sont exécutées par celui qui en connaît l'usage, et apprécie l'importance de chacun de ces détails. On a lieu de féliciter M. Borzinsky de l'intelligence dont sa fabrication fait preuve.

La brosserie de M. Sick pourrait être plus soignée, mais paraît être solidement établie.

Espagne. — Une mosaïque de bois, des nattes, des statuettes coloriées et quelques objets de maroquinerie ; tel est le résumé de l'exposition espagnole dans la classe 26.

La disposition des couleurs des nattes est très-harmonieuse, et nous reconnaissons que c'est la fabrication la plus avancée parmi celles que nous avons eu à examiner dans ce pays.

Portugal. — Le Portugal a exposé de la tabletterie, de la sculpture sur bois et de la petite ébénisterie, qui indiquent que ces diverses industries sont en progrès.

Danemark. — On a remarqué dans l'exposition danoise un vase en ivoire affectant la forme d'un cor antique. Les bas-reliefs, qui représentent des scènes décrites par le poëte suédois Fegner, ont été sculptés par M. Schwartz avec un talent très-distingué. Ce vase appartient à S. A. R. le prince Oscar d'Ostrogothie.

Suède. — Cette contrée nous a envoyé des produits d'une confection aussi originale qu'intéressante. La brosserie de M. Carlsson, de Stockholm, est très-supérieure à celle de la Belgique et des Pays-Bas, peut-être même à la fabrication prussienne. Les pièces fines manquent d'élégance, mais elles conservent une physionomie particulière et n'empruntent rien aux modèles français. Les pinceaux nous ont paru très-bien établis.

La fabrication de peignes de M. Schuldheis est aussi un véritable progrès sur les produits signalés aux expositions précédentes.

Une grande variété de petits objets en écorce de bouleau servent d'échantillons à une production nationale qui s'exécute à très-bon marché.

Norwége. — Des pièces importantes en bois sculpté ont été exposées dans la Norwége. Les frères Borgersen ont envoyé des boîtes et une chope, coupées avec une vigueur et une facilité remarquables.

Russie. — L'exposition russe de la classe 26 permet d'apprécier deux fabricants, dont les produits méritent une mention particulière.

M. Feist, de Varsovie, a présenté des brosses dont la fabrication est en progrès. Nous trouvons cependant les montures encore un peu matérielles. Établie au centre de la production de la matière première, cette industrie est appelée à une grande prospérité, si elle continue à être bien dirigée.

Nous croyons pouvoir signaler l'exposition des soies de porc de M. Mumontoff, de Moscou, bien qu'elle soit en dehors de notre classe, parce qu'elle touche à la brosserie, dont nous venons de parler. C'est tout ce qu'on a vu de plus beau jusqu'à présent comme qualité et comme préparation.

M. Stolzmann, de Varsovie, a exposé des objets en cuir clair dit *de Varsovie* très-fraîchement faits, et dont la piqûre est d'une finesse et d'une régularité parfaites.

Italie. — Nous avons remarqué l'exécution artistique des mosaïques de bois qui se trouvent dans l'exposition italienne.

M. Almeric Gargiulo nous a soumis un pupitre très-compliqué, dont la construction ne nous a pas paru répondre aux intentions de l'auteur. La décoration rachète tous ces défauts par ses couleurs vives, le dessin correct des personnages, et le sentiment artistique qui fait un véritable tableau de chacun des panneaux de ce meuble.

M. Luigi Gargiulo, le père du précédent, a exposé des boîtes du même genre, dont la bonne exécution comme mosaïque est cependant inférieure à celle dont nous venons de parler. Il est regrettable que la monture des coffres soit tout à fait négligée.

Turquie. — L'Empire Ottoman est de tous les pays, y compris la France, celui qui contient le plus d'exposants dans la classe 26. Le Catalogue n'en indique pas moins de 143 qui ont envoyé des produits les plus variés. Parmi les principaux, nous citerons :

Les boîtes et tables en bois couvertes de nacre de Stéfan et Micaïl, et de Seïd, de Damas ;

Les porte-cigares également en bois, mais couverts d'incrustations d'argent d'une finesse et d'un caractère très-remarquables de Suleïman, de Bosnie;

Les tuyaux de pipes en bois et en ivoire tournés en spirale de Mehemed-Effendi, de Constantinople;

Les chapelets en ambre de la plus belle qualité de Chakir-Effendi et de Riza-Effendi.

Les cuillères et peignes en écaille découpée à jour de Hadji-Hussein-Effendi;

Enfin tout un assortiment de pièces de bureau en ébène incrusté d'argent, exécutées par Fenni-Effendi, de Trébizonde.

Ainsi que nous le faisions remarquer au commencement de ce rapport, cette industrie primitive ne fabrique que des objets d'une consommation toute spéciale à l'Empire Ottoman. Nous devons également faire observer que tout ce qui est fabriqué à Constantinople est d'un prix assez élevé, tandis que les produits venant des provinces sont au contraire très-bon marché.

Vice-royauté d'Égypte. — S. A. R. le vice-roi d'Égypte, qui a été mis hors concours, a exposé des vases en corne et en ivoire, un échiquier incrusté d'ivoire avec des pièces sculptées d'une belle exécution, des pipes, des corbeilles et des porte-monnaie très-remarquables comme spécimens de l'industrie locale.

Chine. — Les laques et les ivoires sculptés sont admirables. La plupart de ces objets, et précisément les plus beaux, ne sont pas de fabrication moderne.

Japon (Taishiou de Satsouma). — Nous avons visité avec le plus grand intérêt l'exposition très-curieuse de ce gouvernement. Une des pièces qui ont appelé notre attention est un petit meuble représentant une maison dont la toiture est en vannerie d'une finesse admirable. Les quatre faces sont en laque avec figures en ivoire sculpté et peint. L'intérieur est rempli d'une quantité de petits tiroirs laqués en dedans et en dehors, avec ce beau vernis qui résiste à la pression de l'ongle. Le tout est d'une légèreté incompréhensible.

D'autres objets, tels que les boîtes dites *de Satsouma*, en maroquin, avec intérieur laqué, qui entrent cinq ou six l'une dans l'autre, des porte-cigares en écaille laqués d'or, et une foule d'autres objets, donnent une haute idée de la patience, de l'habileté et du goût qui président à ces fabrications diverses.

Régence de Tunis. — S. A. le bey de Tunis, comme le vice-roi d'Égypte, a été mis hors concours. On n'en a pas moins visité avec intérêt la belle collection de coffrets incrustés de nacre, de frottoirs, de corbeilles, etc., et on a particulièrement remarqué la longueur exceptionnelle des tuyaux de pipe, en cerisier, suspendus dans les salons où sont réunis les produits de la Régence.

États-Unis. — Nous n'avons trouvé parmi les exposants des États-Unis qu'un seul fabricant de pipes. M. Koldenberg a envoyé des pièces en écume d'un travail soigné, mais dont les prix ne peuvent être comparés à ceux des produits du continent.

Brésil. — Le seul exposant que nous ayons remarqué dans les galeries du Brésil est un gaînier, M. Oliveira. Sa fabrication, sans être parfaite, indique cependant des mains exercées qui ont dû travailler dans les ateliers européens.

§ 8. — Angleterre.

L'industrie anglaise est très-développée dans la plupart des différentes professions comprises dans la classe 26.

Les négociants ont sous la main les grands marchés des ivoires, de l'écaille, des cornes, des peaux et des bois d'ébénisterie. Ils peuvent choisir dans les meilleures conditions, et ne prendre dans les entrepôts qu'au fur et à mesure des besoins de la consommation, les matières premières qui servent à la confection des produits variés dont cette classe se compose. C'est un avantage considérable sur nos fabricants qui, en plus des frais de déplacement, doivent payer, au moment du marché, la provision qu'ils sont obligés de faire. Pour les peignes fins, par exemple, cela constitue une différence de 2 à 3 pour 100 sur l'acquisition de l'ivoire, en faveur des fabricants anglais.

La petite ébénisterie est peu représentée à l'exposition anglaise : quelques pupitres, des classeurs avec côtés s'allongeant pour maintenir un plus grand nombre de volumes, sont bien établis.

Le petit bronze paraît prendre une grande extension chez nos voisins, mais ces objets, très-bien exécutés et d'une belle dorure mate, sont d'un prix qui en rendrait la vente difficile ailleurs qu'en Angleterre, où l'on calcule par livres sterling et non par francs.

MM. Howell James et Cie en ont présenté un assez grand nombre. Les pièces les plus importantes sont des nécessaires dont la boîte en métal ne permet plus de les considérer comme des objets de voyage, mais simplement comme ornements de chambres élégantes.

La réputation des fabricants de nécessaires anglais est ancienne et méritée. L'exécution est consciencieuse, et la coutellerie, la brosserie, les cristaux et l'argenterie sont exécutés avec soin. Les coffres plaqués sur bois d'acajou, et ferrés avec des charnières et des serrures de peu de longueur, ne présentent pas, malgré leurs dehors matériels, la solidité des coffres français. Ceux-ci sont montés sur chêne, et leurs ferrures, faites sur la longueur de chacun d'eux, maintiennent mieux les bois.

M. Leuchars a présenté, au milieu d'une belle exposition de sacs et de nécessaires de toilette, un coffre avec des pièces dont les couvercles sont en or massif. Ces couvercles unis sont d'un beau poli et rehaussés par une bordure de perles en or mat.

Les boîtes à écrire, très-usitées en Angleterre, sont parfaitement exécutées, et, en général, toutes les pièces en maroquin lisse sont très-soignées et très-résistantes.

Ce dernier genre de peau de chèvre est aussi très-employé pour la fabrication des sacs ; il a, sur nos maroquins chagrinés, l'avantage de ne pas se graisser et d'être moins exposé à se gâter à la poussière.

Les articles de voyage sont établis en vue des possessions lointaines de la métropole. On a prévu que la réparation ne serait pas possible, et ils sont généralement lourds, mais très-solides.

Il faut reconnaître que l'esprit pratique, qui avait placé les fabricants anglais à la tête de la fabrication des nécessaires, il y a soixante ans, leur a fait présenter aussi, en 1855, les premiers sacs de voyage, que nous avons imités et même perfectionnés sous certains rapports. Nous les avons cependant précédés pour les nécessaires-malles, dont un de leurs exposants, M. Schafer, qui fabrique pour la plupart des négociants de Londres, a présenté quelques échantillons d'une confection intelligente. Le seul reproche qu'on puisse leur adresser, c'est que leur poids en rend l'usage incommode.

La tabletterie donne lieu à un commerce important en Angleterre, et occupe un grand nombre d'ouvriers.

En 1861, les industries des graisses, cornes, ivoire, etc., occupaient :

	Hommes.	Femmes.	Total.
Angleterre et le pays de Galles..	11,186	854	12,040
Écosse..........................	1,386	247	1,633
Irlande.........................	1,175	108	1,283
Total.......	13,747	1,209	14,956

Mouvement commercial en 1865.

	Importation.	Réexportation.	Consommation.
Os...............	10,725,575 fr.	1,150 fr.	10,724,425 fr.
Dents d'éléphant..	8,057,150	5,175,350	2.881.800
Total.......	18,782,725 fr.	5,176,500 fr.	13,606,225 fr.

5cc

Il ressort des chiffres précédents que l'Angleterre, ainsi que nous le disions plus haut, est un des principaux marchés pour l'ivoire, puisque, à l'état brut, elle en réexporte pour 5,175,350 francs.

M. Heinrich, de Londres, a exposé des peignes à chignons, hauts de forme, avec des découpures à jour, des feuillages sculptés et mats, dont les modèles sont délaissés depuis longtemps.

Nous avons regretté l'absence de fabricants de peignes à retaper et de peignes fins, qui font un commerce très-considérable d'exportation.

Brosserie. — La brosserie est considérée en Angleterre comme l'industrie la plus importante de celles comprises dans la classe 26.

D'après la statistique de 1861, les fabricants de brosses et de balais de crin représentent les chiffres suivants :

L'Angleterre et le pays de Galles.........	11,178 fabricants.
Écosse..................................	535
Irlande.................................	617
Total.......	12,330 fabricants.

Ils ont exporté en 1865 pour 1,300,000 francs de marchandises, dont la plus grande partie a été expédiée en Australie.

D'un autre côté, il se fait un mouvement considérable dans le commerce des soies de porc ; et, en 1865, nous trouvons :

Importation.	Réexportation.	Consommation.
8,027,925 fr.	566,075 fr.	7,461,850 fr.

La brosserie anglaise est la seule qui puisse entrer en comparaison avec la nôtre.

Dans l'exposition de M. Fentum, nous trouvons des brosses dont le montage laisse à désirer, mais l'ivoire et les soies sont admirables. Il faut ajouter que les soies sont préparées en

France, et que la beauté de l'ivoire est la conséquence de la facilité qu'ont les négociants anglais de choisir sur leurs marchés les plus belles matières premières. Les brosses à dents sont très-inférieures à celles de la fabrication française pour la façon et les modèles.

Les brosses à peindre, faites avec de bonnes marchandises, ne sont pas bien montées, à l'exception toutefois de celles de M. Grenslade.

M. Coudron a exposé de la brosserie fine en bois qui est très-bien exécutée.

M. Kent a présenté des brosses en nacre et en écaille d'une belle facture et très-soignées.

Les brosses pour chevaux et voitures de M. Pemberton sont parfaites. La fabrique de Londres a, pour cet article, une supériorité incontestable; mais cette brosserie est d'un prix élevé.

§ 4. — Colonies anglaises.

Les pièces en bois de santal sculpté que nous avons trouvées dans les Indes anglaises, ont été envoyées par le gouvernement de Bombay. C'est toujours ce même genre de sculpture fine, régulière, délicate et originale, qui étonne lorsqu'on sait que c'est avec un outillage très-imparfait que ces pièces sont produites. La sculpture la plus estimée dans le pays est celle qui est percée à jour, c'est-à-dire que les côtés des boîtes, ainsi que le couvercle, sont découpés de part en part, et l'intérieur est doublé d'une étoffe de soie qui fait ressortir le dessin. Le bois étant très-dur, la difficulté augmente lorsqu'il s'agit de repercer un panneau qui a quelquefois plus d'un centimètre d'épaisseur.

Dans le gouvernement de Madras, nous avons trouvé ces charmantes mosaïques rondes, incrustées dans des bandes d'ivoire qui, elles-mêmes, sont incrustées dans du bois de santal. Les pièces les plus riches sont entièrement recouvertes d'ivoire. L'adresse, la patience et le goût déployés par les

Indiens pour l'assemblage de ces petits triangles de plusieurs couleurs qui forment les rosaces, est incroyable. L'effet est charmant, et il est impossible de rien voir de plus doux et de plus agréable aux yeux.

Nous avons aussi remarqué, dans le Penjaub, des boîtes en bois peint, des objets en papier mâché dont les dessins ont un caractère particulier, et les couleurs cette harmonie singulière de ton que l'on rencontre dans tous les produits de cette contrée.

§ 5. — Conclusion.

Notre conclusion sera la même que celle de M. Rondot, en 1862.

L'industrie française a conservé jusqu'à ce jour sa supériorité pour les professions comprises dans la classe 26; mais les progrès considérables faits par toutes les nations qui nous entourent diminuent chaque jour la distance qui nous séparait d'elles.

Il est remarquable que chez tous les peuples où l'instruction est le plus répandue, les progrès industriels sont aussi les plus rapides. Nous pouvons espérer que les efforts faits par notre gouvernement pour la développer en France porteront leurs fruits.

Mais pour toutes les parties de l'industrie où le goût est nécessaire, cela ne suffit pas; il faut encore que cette instruction soit complétée par la fréquentation des écoles de dessin et des musées. C'est par les soins donnés à leurs apprentis que nos fabricants assureront l'avenir de leur industrie; en encourageant leur goût pour l'étude, ils formeront des ouvriers qui, par leur talent, feront un jour honneur à l'industrie française.

Paris. — Imp. Paul Dupont, rue de Grenelle-Saint-Honoré, 45.

APPENDICE

La Chambre syndicale de la brosserie désire obtenir dans les concours futurs, pour l'importante industrie qu'elle représente, une classification séparée des autres produits avec lesquels la brosserie a toujours été groupée.

Dans ce but, elle s'est livrée à un travail complet sur l'état de cette industrie dans toute la France, et a obtenu les renseignements suivants :

La brosserie occupe en France 8,865 ouvriers qui ont produit en 1866 pour 22,203,000 francs de marchandises.

On a trouvé dans les ateliers :

	A Paris.	En Province.
Hommes............	1.258	3.130
Femmes............	947	2.493
Apprentis..........	430	607
Total....	2.635 ouvriers	6.230 ouvriers.

La moyenne des salaires est :

	A Paris.	En Province.
Pour les hommes	de 5 à 7 fr. par jour.	de 2 à 3 fr. par jour.
Pour les femmes	de 2 à 3 fr. —	de 1 à 1 50 —
Pour les apprentis	de 1 fr. 50 —	de 60 c. à 1 fr. —

Les matières premières employées par la brosserie : soies de Russie, d'Allemagne, de France ; écureuils du Nord, peaux de blaireau, martre rouge dite kolinsky, martre noire du Canada, crins, poils de chèvre peaux d'ours, putois de France et d'autres pays, os, buffle, bois de brosses, ivoire, plumes d'oie, plumes de cygne, bois de cèdre, manches de brosses à peindre en bois blanc et autres bois, chiendent végétal, tampico, baleine, etc., etc., représentent pour la consommation des fabriques de province une somme de.................... 2.733.000 fr.

Pour celle des fabriques de Paris.................... 4.635.000

Valeur totale des matières premières employées par la brosserie française.................... 7.368.000 fr.

Les marchandises fournies par les fabriques de province à l'exportation ont une valeur de.................... 5.000.000 fr.

Celles des fabriques parisiennes.................... 10.000.000

Valeur totale de l'exportation.................... 15.000.000 fr.

Gcc

Les fabriques de province livrent à la consommation intérieure pour.. 3.198.000 fr.

Et les fabriques parisiennes pour........................ 4.005.000

Valeur totale livrée à la consommation nationale...... 7.203.000 fr.

L'exportation pourrait prendre encore un plus rapide développement si les matières premières provenant de l'étranger entraient en franchise.

La fabrication parisienne est en outre gênée par les droits d'octroi perçus sur les bois.

La confection des bois de brosses oblige nos fabricants à faire transporter ces marchandises de leurs ateliers de la ville dans leurs usines du département de l'Oise. Il résulte de ce mouvement de va-et-vient que les mêmes objets, à des degrés divers de fabrication, payent jusqu'à trois fois le droit d'entrée dans Paris.

Mais cette dépense, peu importante d'ailleurs, est le moindre des inconvénients que ce droit d'entrée occasionne. Le déballage des caisses porte un préjudice considérable à cette marchandise dont les vernis sont très-susceptibles. Il occasionne des déplacements et une nouvelle main-d'œuvre qui augmentent le prix de revient.

Enfin, il serait à désirer que la brosserie, en raison des masses qu'elle déplace, obtînt, pour les transports par la grande ou la petite vitesse, son admission dans la quatrième ou la cinquième classe, au lieu de rester dans la première où elle a été maintenue jusqu'à présent.

Nous espérons que dans un avenir prochain les obstacles que nous venons de signaler disparaîtront; alors la brosserie française pouvant abaisser le prix de ses produits n'aura plus à redouter la concurrence des pays où la main-d'œuvre est moins élevée que dans le nôtre.

L'élégance, la solidité et le bon marché réunis assureront à ses produits la suprématie sur les marchés étrangers.

www.ingramcontent.com/pod-product-compliance
Ingram Content Group UK Ltd.
Pitfield, Milton Keynes, MK11 3LW, UK
UKHW021013200726
13857UKWH00004B/1419

9 782013 060066